Robert Habeck · Andrea Paluch

Kleine Helden, große Abenteuer

KARIBU – Ein Verlag der Edel Verlagsgruppe

2. Auflage 2024

Umschlag- und Innenillustrationen: Catharina Westphal
Umschlaggestaltung: Janina Michna
Lektorat: Almut Schmidt
Layout & Satz: Uhl + Massopust, Aalen
Druck: optimal media GmbH, Röbel
ISBN: 978-3-96129-146-5
Printed in Germany
www.karibubuecher.de

Diese Geschichten sind überarbeitete Versionen, die im Rahmen der „Ohrenbär"-Produktionen des RBB entstanden.

Robert Habeck · Andrea Paluch

Kleine Helden, große Abenteuer

Vorlesegeschichten für jeden Tag

Mit Illustrationen von Catharina Westphal

KARIBU

Andrea Paluch, geboren 1970 in Hannover, hat als Kolumnistin, Dozentin und Lernberaterin gearbeitet und zahlreiche Romane, Jugend- und Kinderbücher (u. a. „Zwischen den Jahren" und „Zwei Wege in den Sommer") veröffentlicht.

Viele davon zusammen mit **Robert Habeck**, geboren 1969 in Lübeck. Robert Habeck war sechs Jahre lang stellvertretender Ministerpräsident und Umweltminister in Schleswig-Holstein und wurde 2018 zum Bundesvorsitzenden der Grünen gewählt. 2019 wurde das erste gemeinsame Kinderbuch der beiden, „Ruf der Wölfe", bei Edel Kids Books neu aufgelegt. Das Paar hat vier Söhne und lebt in Flensburg und Berlin.

Inhalt

Könige der Welten 103

Ich bin du, und du bist ich 151

Geheimnisvolle Briefe

Ganz andere Geburtstagspost

Per sitzt im Wohnzimmer auf dem Fußboden. Um ihn herum liegt alles voller Papier. Geschenkpapier. Dazwischen liegen Schleifen und Geburtstagspostkarten. Und zwischen dem Papier und den Postkarten liegen die Geschenke, die Per von seinen Freunden bekommen hat. Eine Piratenpistole, ein Raumschiff zum Selberbauen, für das sich vier Freunde zusammengetan haben, ein Kartenspiel, ein Buch über Roboter, eine Krimi-CD.
Pers Mutter kommt aus der Küche und setzt sich zu ihm.
„Na, war es ein schöner Geburtstag?", fragt sie.
„Der beste!", sagt Per.
Seine Mutter hatte für ihn und seine Freunde eine Schnitzeljagd vorbereitet. Sie führte quer durch den Park, in das Gebäude, in der die Firma seiner Mutter ist, wieder raus, rüber über drei Straßen und quer über seinen Schulhof. Auf dem Schulhofspielplatz mussten sie dann einen Schatz suchen, der ungefähr einen

Meter tief in der Erde verbuddelt war. Danach gab es zu Hause ein Geburtstagsessen, Schokolade und Kuchen, so viel man wollte, und Limonade! Und dann haben sie in der Wohnung Verstecken gespielt. Dabei ist alles unordentlich geworden, und das Geschenkpapier ist quer durch Raum geflogen. Hier sitzt Per nun. Seine Freunde sind weg. Und ihm ist es ganz schwindelig vor lauter Geburtstagsfeiern.

„Deine Uroma kommt nachher noch", sagt seine Mutter.

„Oh", entfährt es Per. Es klingt nicht fröhlich. Das ist Per auch nicht. Seine Uroma mag er nicht besonders gern. Sie ist sehr streng. Ganz anders als seine Oma. Aber die wohnt weit weg, und Per sieht sie nur selten. Ihre Mutter, also seine Uroma, lebt dagegen nur ein paar Straßen weiter.

Wenn sie da ist und Per fernsieht oder YouTube-Videos anschaut, dann sagt sie immer: „Dieses Zeug ist ja fürchterlich. Und überhaupt ist Fernsehen nicht gut. Du solltest lieber Sport machen."

Wenn Per mit seinem Roller fährt, dann sagt sie: „Diese neue Mode ist ja fürchterlich. Neulich hat mich jemand fast umgefahren!“

Und dass Computerspiele deshalb so toll sind, weil man in ihnen eine Geschichte erleben kann, das kann seine Uroma nicht verstehen.

„Uroma will dir doch auch zum Geburtstag gratulieren. Und sicher hat sie ein Geschenk für dich“, sagt die Mutter.

„Bestimmt selbst gestrickte kratzige Wollsocken“, antwortet Per.

In dem Moment klingelt es. Die Mutter besteht darauf, dass Per aufmacht. Der rappelt sich auf und trottet zur Tür.

„Wer ist da?“, fragt er durch die geschlossene Tür. Natürlich weiß er genau, wer da ist.

Die Urgroßmutter fängt im Treppenhaus an, aus voller Brust ein altes Geburtstagslied zu schmettern. Schnell macht Per die Tür auf. Alle Menschen, die er kennt, singen *Happy birthday to you* – nur seine Urgroßmutter singt irgendein Lied, das vor hundert Jahren aus der Mode gekommen ist, weil *Happy birthday* ja Englisch ist und also zu modern. Sie singt es so, als sei sie bei den Pfadfindern und sein Geburtstag ein Wandertag.

„Alles Liebe und Gute zum Geburtstag, Per!“, sagt die Urgroßmutter nun und streckt die Hand aus. Auch das findet Per total komisch, dass sie ihm immer die Hand gibt, statt ihn zu umarmen, so wie seine Oma. Per nimmt die Hand und drückt sie fest. Dabei sieht er seiner Urgroßmutter in die Augen. Das ist

ihr sehr wichtig, ein fester Händedruck und dabei in die Augen sehen. Sie ist eine kleine, schmächtige Frau, kaum größer als er. Man würde ihr gar nicht zutrauen, dass sie so laut singen kann. Sie hat ihre weißen Haare zu einem Dutt nach hinten gebunden und trägt einen grauen Mantel. Sie ist sehr braun. Wann immer das Wetter es zulässt, sitzt sie im Park und liest dort ihre alten Bücher. In dem braunen Gesicht blitzen ihre Augen hell.
„Danke“, sagt Per und schielt auf das große Paket, das seine Urgroßmutter unter dem Arm trägt.
„Bleib ein anständiger Junge!“, sagt sie.
„Hmhm“, macht Per.
„Bitte schön!“ Sie gibt ihm das Paket. Per nimmt es und flitzt ins Wohnzimmer, vorbei an seiner Mutter, die jetzt der Urgroßmutter die Hand gibt. Sie ist wirklich sehr altmodisch.
Per reißt das Papier von dem Geschenk. Socken sind es schon mal nicht. Ein Karton kommt zum Vorschein. Per öffnet ihn, während er seine Urgroßmutter sagen hört: „Oh, wie sieht es denn hier aus?“
„Wir hatten Kindergeburtstag und sind noch nicht zum Aufräumen gekommen“, gibt die Mutter schnell zurück.
Per sieht, dass in dem Karton jede Menge Schachteln und ein großes Album sind. Er holt sie heraus. Vielleicht sind es diese Sticker, die alle in seiner Klasse sammeln? Oder Quartettspiele von Autos oder Flugzeugen? Er schlägt eine Kiste auf. Es sind – Briefmarken. Und ein leeres Briefmarkenalbum.

„Oh", sagt Per wieder. Er hat keine Ahnung, was er mit einem Briefmarkenalbum anfangen soll.
„Das hatten früher alle Jungen!", erklärt seine Urgroßmutter stolz.
„Danke." Per schiebt das Album beiseite und zupft eine Briefmarke aus der Kiste. Auf ihr ist ein Schiff zu sehen, ein merkwürdiges Schiff mit einem hohen Schornstein. „Sind die alt?"
„Ja. Die habe ich noch von früher."

„Und sind die wertvoll oder was?“
„Der Wert ist, dass man sie sammelt“, sagt die Urgroßmutter bedeutungsvoll. Per hat keine Ahnung, was sie ihm damit sagen will. Vielleicht so etwas wie *Früher war alles besser*?
„Du kannst ja schon mal alle Geschenke in dein Zimmer bringen. Ich räume das Papier weg“, rettet seine Mutter die Situation.
„Kann der Junge das Papier nicht selbst wegräumen?“, fragte die Urgroßmutter.
„Bestimmt. Aber heute braucht er es nicht. Es ist ja sein Geburtstag“, sagt die Mutter fest.
Und so sieht Per seine Urgroßmutter erst wieder, als sie sich verabschiedet. Während sie mit seiner Mutter in der Küche gesessen hat, hat er erst die Pistole unter sein Kopfkissen gelegt, dann das Raumschiff zusammengebaut. Und dann hat er die Briefmarke, die er aus der Kiste gezogen hat, in das Album gesteckt. Nun zieht Per einen Stapel Briefe hervor. Auf ihnen kleben ebenfalls Briefmarken. Und die Schrift auf ihnen sieht aus wie eine Geheimschrift. Griechen schrieben so ähnlich, weiß Per, oder Ägypter. Er nimmt die Briefe und geht in die Küche. Dort nimmt er sich eine Schere aus der Schublade. Seine Mutter kommt mit einem Berg voll Geschenkpapier im Arm aus dem Wohnzimmer und fragt: „Was machst du?“
„In dem Paket waren noch so Briefe drin. Ich schneide die Marken aus und löse sie ab.“

„Zeig mal“, bittet ihn die Mutter, und Per hält ihr fragend die Briefe hin. „Ist das Griechisch?“

„Nein, das ist Sütterlin“, schmunzelt seine Mutter.

Per blickt sie verwundert an. Er hatte mal eine Krankheit und durfte vierzehn Tage nicht in die Schule gehen. Seine Urgroßmutter hat auf ihn aufgepasst, als seine Mutter beim Arbeiten war. Es war fürchterlich. Die Krankheit hieß so ähnlich wie die Schrift. Er hat das Wort schon wieder vergessen.

„Uroma kann die bestimmt noch lesen“, sagt seine Mutter.

„Na und?“, meint Per.

„Bevor du die Briefe zerschneidest, frag sie doch mal, was da drinsteht.“

„Uroma hat gesagt, der Wert kommt vom *Sammeln*.“

„Ja, aber nicht das Papier macht den Wert, sondern die Geschichten, die es erzählt“, sagt die Mutter. Und das versteht Per. Vielleicht sind Briefmarken wie ein Computerspiel.

Schreibe mir bald

Per fährt mit seinem Roller durch die Stadt. Von der Wohnung, in der er und seine Mutter leben, zu der Wohnung von seiner Urgroßmutter dauert es eine Viertelstunde, wenn man zu Fuß geht. Aber mit dem Roller schafft Per es in zehn Minuten. Er kennt den Weg. Die erste Hälfte geht er jeden Tag zur Schule. Und die zweite führt direkt an einem Kanal entlang. Per trägt einen Rucksack auf dem Rücken, darin ist der Karton mit dem Album und den Briefmarken.
Gestern hat er mit seiner Mutter zumindest noch die Jahreszahlen auf den Briefen entziffern können: 1932, 1934 steht dort. Als Per die Zahlen ansah, wurde ihm klar, wie alt die Briefmarken tatsächlich waren. Heute steht ja eine Zwei ganz vorn bei den Jahreszahlen. Die Briefmarken sind aus dem letzten Jahrtausend!
„Ist Uroma schon tausend Jahre alt?“, hat er seine Mutter gefragt, obwohl er eigentlich wusste, dass das nicht sein kann. Seine

Mutter lächelte und sagte, dass die Urgroßmutter zweiundneunzig sei.
Nun durchquert er den Park, der zum Kanal führt. Ihm ist es etwas mulmig zumute. Es ist lange her, dass er seine Urgroßmutter zu Hause besucht hat. Da hört er jemanden seinen Namen rufen. Er dreht sich um und bremst.

Da sitzt seine Urgroßmutter auf einer Parkbank, das Gesicht zur Sonne gewendet, ein Buch auf dem Schoß.
Per könnte über den Rasen direkt zu ihr fahren, aber er hat Angst, dass seine Urgroßmutter schimpft, wenn er mit den Rädern tiefe Spuren im Gras hinterlässt. Deshalb wählt er den Weg, der weit außen um die Wiese herumführt.
Als er bei ihr ist, reicht er ihr die Hand. „Guten Tag“, sagt er.
Sie drückt sie fest. Dabei sehen sie sich in die Augen.
„Deine Schnürsenkel sind auf“, sagt sie und blickt missbilligend auf seine Turnschuhe.
Wie man es macht, man kann ihr nichts recht machen, denkt Per, als sie sagt: „Ich freue mich, dass du mich mal besuchen kommst.“
Für Per klingt es vorwurfsvoll.

„Oder wolltest du gar nicht zu mir?“, hakt die Urgroßmutter nach.
„Doch. Klar. Schon, meine ich. Ja, also, es ist wegen der Briefe …“, sagt Per.
„Wegen der Briefe?“
„Ja, in dem Karton mit den Briefmarken, da waren auch noch Briefe.“ Per setzt sich, stellt den Roller neben die Bank und nimmt seinen Rucksack ab. Er zieht das Paket hervor.
„Wusstest du das nicht?“, fragt er. Aber er kann die Antwort sehen. Seine Urgroßmutter wiegt das Paket in der Hand hin und her und schaut es verwundert an.
„Mama sagt, die Schrift heißt Safarin, und nur du kannst sie lesen.“
„Sütterlin. Ja, ich konnte sie mal lesen. Weißt du, so habe ich schreiben gelernt. Aber das ist schon so lange her. Ich habe seit vielen Jahren nicht mehr Sütterlin gelesen.“
„Willst du es probieren? Vielleicht stehen da ja spannende Geschichten drin?“, fragt Per.
Die Urgroßmutter blickt ihn an. Sie blickt ihn komisch an, findet Per. Sonst strahlen ihre hellen Augen immer und funkeln, fast wie Katzenaugen sehen sie aus, irgendwie angriffslustig. Aber jetzt sind sie ganz groß. Sie sehen eher wie Kinderaugen aus.
„Ich kann es mal probieren …“, sagt die Urgroßmutter. Dann nimmt sie den obersten Brief und zieht vorsichtig einen Briefbogen aus dem Umschlag. Sie setzt ihre Brille auf und hält ihn

aus dem Sonnenlicht. Per denkt im ersten Moment, sie macht das, um ihn vor der Strahlung zu schützen. Aber dann sieht er, dass das Papier ganz dünn ist und die Tinte sonst von der Rückseite durchscheint.

„Mein lieber vermisster Freund", fängt die Urgroßmutter an. Sie setzt ab. Dann liest sie weiter, mit stockender Stimme.

„Ich würde gern mal wieder Regen sehen. Hier ist alles trocken und staubig. Und es ist heiß. Man kann mittags nicht nach draußen gehen. Habt Ihr Schnee in Deutschland? Oder ist es schon Frühling geworden? Gehst Du noch immer an der kleinen Kastanie vorbei, an der wir uns immer getroffen haben? Ich bin hier ganz allein. Eine Farm weiter lebt ein Junge. Aber er ist viel älter und spricht auch kein Deutsch. Mutter gibt mir Unterricht. Aber sie hat wenig Zeit. Immer muss sie nach den Rindern schauen. Und sie muss die Arbeiter anweisen. Wir haben viele auf der Farm.

Und ihre Familien leben auch hier. Mutter hat wirklich viel zu tun. Aber es ist besser, sie kümmert sich um alles, als Vater. Er schimpft ganz viel.“

Die Urgroßmutter dreht die Seite um. Per lauscht ihrer Stimme nach. So weich hat ihre Stimme noch nie geklungen. Sie klingt wie, wie – wie große Augen, findet Per. Wie eine Märchenstimme.

„Ich habe mich auf Afrika gefreut. Ich habe gedacht, das wird ein großes Abenteuer. Aber das ist es nicht geworden.

Es gibt die Sonne, und ich habe auch Giraffen und Nashörner und einen Löwen gesehen.

Den hat Vater geschossen. Das war sehr traurig. Da kommt schon mal ein Löwe zu uns, und Vater erschießt ihn. Aber ich würde lieber wieder zurück. Erzählst Du mir von Dir? Habt Ihr die neue Fibel der Schule? Hast Du die Zinnsoldaten bekommen, die Du Dir gewünscht hast? Und wer ist in die Wohnung neben Euch gezogen?

Bitte schreibe mir bald, Ska.“

Die Urgroßmutter lässt den Brief sinken. Auch Per sagt nicht gleich etwas. Wenn er einen Film sieht und der plötzlich zu Ende ist, dann gibt es so eine komische Sekunde, in der man nicht weiß, ob man noch im Film ist oder vor dem Fernseher sitzt. So fühlt sich Per in diesem Moment. Die Vergangenheit und die Gegenwart stoßen zusammen. Und mitten in dem Aufprallen sitzen Per und seine Uroma und blicken sich an.

„Du kannst das wirklich gut lesen", sagt Per.

„Ja, man erinnert sich wieder …", sagt sie.

Aber Per meinte gar nicht die Schrift. Er meinte, dass seine Uroma diese merkwürdige Stimme gehabt hat. Sie war jung und hell. Wenn man die Augen zugemacht hätte, hätte man sich vorstellen können, dass Ska selbst da sitzt.

„Sollen wir noch einen Brief lesen?", fragt die Uroma.

Per überlegt. Eigentlich würde er schon gern wissen, was in den anderen Briefen steht. Aber dann sagt er etwas, das ihn selbst fast überrascht. „Lieber nicht. Ich komme morgen wieder, und du liest mir dann den nächsten Brief vor, okay?" Vorhin hatte er noch so gar keine Lust, sich mit seiner Urgroßmutter zu treffen, und jetzt verabredet er sich für morgen schon gleich wieder.

„Okay?", fragt die Uroma und zieht die Stimme hoch.

„Okay – das sagt man so. Es heißt *in Ordnung*", erklärt Per.

Da lächelt seine Urgroßmutter.

„Ich weiß doch, was okay heißt", sagt sie. „Und ja: Das ist voll okay!" Sie grinst Per an. Per grinst zurück. Dann hüpft er auf seinen Roller und sagt: „Tschüss, bis morgen!"

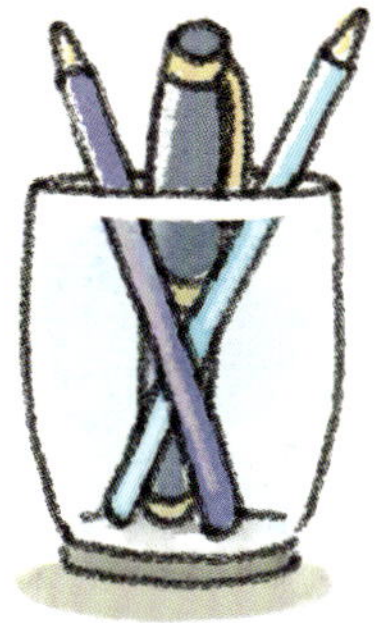

Liebe Ska

Die Sonne scheint Per direkt auf das Ohr. Der Himmel hinter der Sonne ist blau wie der Lack seines Rollers. Weit oben treiben ein paar kleine weiße Wolken vorbei. Und weil die Glasscheibe keine Luft herauslässt und keine Luft hinein, ist es im Klassenraum sehr heiß. Per ist in der zweiten Klasse. Im ersten Schuljahr haben sie alle Buchstaben gelernt. Jetzt sollen sie einen Aufsatz schreiben. Einen Aufsatz hat Per noch nie geschrieben. So genau weiß er gar nicht, was ein Aufsatz ist. Und die Klassenlehrerin, Frau Bauer, ist dabei auch keine große Hilfe. Erst tut sie so, als ob ein Aufsatz etwas ganz Tolles sei und man erst richtig in die Schule gehe, wenn man Aufsätze schreiben dürfe. Und dann erklärt sie nicht, wie das eigentlich geht, Aufsätze zu schreiben. „Schreibt einfach, was euch einfällt, das, was ihr gerade denkt. Es ist auch gar nicht wichtig, dass ihr alles richtig schreibt. Wichtig ist, *dass* ihr schreibt!“, hat sie eben nur gesagt.
Per denkt an sich, dass er in der Klasse sitzt mit der Sonne auf

dem Ohr, der heißen Luft, fast wie in Afrika. Und plötzlich, wie ein Blitz, weiß Per, was er schreiben wird. Denn er muss an Ska und an die Briefe aus Afrika denken.
„Liebe Ska“, schreibt Per. „In Deutschland ist es fast so heiß wie in Afrika. Heute Morgen im Radio haben sie gesagt, dass es dieses Jahr vielleicht wieder eine Dürre gibt, so wie letzten Sommer schon.“ Per weiß nicht genau, wie man die Wörter alle schreibt, aber Frau Bauer hat ja gesagt, dass es egal ist, wie man schreibt, Hauptsache, man schreibt.
„Gestern bin ich mit dem Roller zu meiner Uroma gefahren. Die hat mir Deinen Brief vorgelesen. Komischer Name: Ska. Ist der afrikanisch? Ich heiße Per. Der Name hat auch nur drei Buchstaben. Aber er ist skan… di… navisch.“
Per weiß auch nicht, wie man *skandinavisch* schreibt. Seine Mutter sagt das Wort immer. Es meint die Länder Dänemark, Norwegen, Island, Finnland und Schweden. Pers Vater hieß Peter. Das ist zwar auch nicht besonders lang, aber immer noch die Langform von Per.
„Mein Vater hieß Peter“, schreibt Per weiter. „Aber den habe ich nie richtig kennengelernt. Es gibt aber Videoaufnahmen von

ihm. Die schaue ich mir an. Weißt Du, hier sind weiße Wolken vor dem Fenster. Die sind vielleicht aus Afrika zu uns gekommen. In Afrika waren sie vielleicht noch groß und schwarz. Jetzt sind sie weiß – aber es ist immer noch das Wasser drin, das sie in Afrika aufgesammelt haben. Vielleicht hast Du die Wolken ja auch schon gesehen – ach nein, dann müssten sie ja viele, viele Jahre lang hierhergezogen sein."

Es klingelt. Per schaut auf. So schnell ist eine Deutschstunde noch nie vorbeigegangen! Hastig kritzelt er seinen Namen unter den Brief. Den kann Per echt gut schreiben. Er hat einen ganzen Nachmittag lang geübt, eine Erwachsenenunterschrift hinzubekommen. Jetzt sieht sie fast so aus wie die Schrift der afrikanischen Briefe, sodass man eigentlich nicht mehr erkennen kann, wie er heißt.

Per steckt das Heft in seinen Schulranzen. Frau Bauer lächelt ihn an: „Na, du hast ja gar nicht mehr aufgehört zu schreiben. Worum ging es denn?", fragt sie.

„Weiß ich eigentlich auch nicht so genau", antwortet Per unbestimmt und schließt seinen Schulranzen.

Nach der Schule geht Per einen Umweg am Kanal entlang. Die Luft draußen ist so warm wie die Luft, die er ausatmet. Der Schulranzen klebt auf seinem Rücken. Der Kanal riecht ein bisschen. Er riecht, wie Per sich vorstellt, dass die Flüsse in Afrika riechen.

Unten an der Haustür angekommen, klingelt er am Türschild

seiner Urgroßmutter. Der Türsummer ertönt. Per stürmt die Treppe hoch. Das Treppenhaus seiner Oma ist echt alt. Im Treppenaufgang zu Hause sind die Stufen aus Beton, hier sind sie aus Holz und in der Mitte abgetreten und durchgebogen. Viele Menschen müssen hier schon hochgelaufen sein. Menschen, die Kinder waren, als sie hier hochhüpften, mit langen blonden Haaren und dünnen Beinen. Jetzt sind ihre Haare grau, oder sie haben eine Glatze und sehen eben so aus, wie alte Erwachsene aussehen. Oder sie sind vielleicht schon tot.
Auf den letzten Stufen sieht er die Beine seiner Urgroßmutter in der Tür. Sie trägt braune Strümpfe und schwarze Schuhe. Per fällt auf, dass er sie noch nie mit Schuhen gesehen hat, die eine andere Farbe haben, oder ohne Strümpfe.
So wenig, wie seine Urgroßmutter sich an die Computer und all die Handys gewöhnen kann, so wenig kann sie sich wohl an eine andere Mode gewöhnen. Per zwingt sich, langsam zu gehen. Seine Urgroßmutter mag es gar nicht, wenn man immer rennt.
„Per?“, fragt sie, als sie seinen Kopf über den Treppenstufen auftauchen sieht. Per hört, dass sie überrascht ist.
„Ja“, sagt er. Und irgendwie ist auch er überrascht, dass er jetzt bei ihr ist. Er streckt die Hand aus und schaut ihr fest in die Augen, als sie seine Hand drückt.
„Was verschafft mir die Ehre?“, fragt seine Urgroßmutter.
Das sind so Fragen, die Per nicht versteht. Ist es denn eine Ehre, wenn er seine Uroma besucht? Noch vor zwei Tagen hat ihm das

richtig Angst gemacht, dass seine Urgroßmutter immer so spricht, dass man sie nicht versteht. Aber jetzt hört er in dem Satz mit der Ehre die afrikanischen Briefe.
„Ich wollte fragen“, sagt Per, so höflich er kann, „ob du mir noch einen Brief vorlesen kannst. Einen von den Briefen aus Afrika.“
Seine Uroma lächelt und sagt: „Komm erst einmal herein. Möchtest du etwas trinken?“
„Ja, bitte“, sagt Per und findet, dass er schon selbst klingt wie ein Kind aus Afrika. Er zieht die Turnschuhe aus und stellt sie ordentlich neben die Tür. Das macht er zu Hause nie. Da tritt er sich immer in die Hacke und schmeißt die Schuhe in das große Gewühl neben der Tür.
Er hört, wie seine Uroma im Wohnzimmer telefoniert und seiner Mutter Bescheid sagt, dass Per heute etwas später nach Hause kommt.
„Möchtest du eine Orangeade?“, fragt seine Uroma, als sie in die Küche kommt.
„Gerne!“, sagt Per, obwohl er keine Ahnung hat, was eine Orangeade ist.
Die Balkontür steht offen. Er tritt auf den Balkon und setzt sich an einen altmodischen Holztisch. Unter ihm hört er Autos vorbeifahren. Kinder, die um Eis betteln, das Rauschen der Duschen in den Nachbarwohnungen, wenn Leute sich abkühlen, Fahrradklingeln von Menschen, die noch schnell ins Freibad wollen.

Seine Uroma stellt ein Tablett mit zwei Gläsern vor ihn und eine Limonadenflasche. Dann setzt auch sie sich und ergreift einen der alten Briefe, die Per auf den Tisch gelegt hat. Gleich wird er mehr hören. Aus Afrika.

Bis bald

Normalerweise freut Per sich, wenn die Schule vorbei ist und der Nachmittag sich vor ihm ausstreckt wie eine weite Savanne. Man sieht den Horizont, das Abendessen mit seiner Mutter, das Reden, das Zubettgehen – aber wie man dahin kommt, das ist nirgends festgelegt. Zwischen Hausaufgaben, Fußballspielen, Freunde besuchen oder einen Film gucken gibt es keine Wege

und keine Pfade. Aber heute ist Per geradezu traurig. Denn gestern hat seine Uroma ihm alle Briefe aus Afrika vorgelesen. Eigentlich hatte Per nur gewollt, dass sie einen oder vielleicht zwei vorliest, doch dann sind es alle geworden, und für heute ist keiner mehr übrig.

Er läuft durch die Wohnung und weiß nicht, ob er ins Freibad gehen soll, einen Freund anrufen oder Hausaufgaben machen. Lust hat er zu keinem davon. Er will am liebsten zu seiner Uroma. Durch die Sache mit den Briefen hat sie sich verändert. Oder hat er sich verändert? Er versteht sie nun ein bisschen besser. Sie ist ja mindestens so alt wie die Briefe selbst. Und wenn sie die Briefe vorliest, dann klingt sie wieder ganz jung. Vielleicht ist sie gar nicht so alt, sondern die Zeit ist so jung. Vielleicht ist ihr die Zeit davongelaufen wie eine Antilope einem Löwen. Und seine Oma schaut der Antilope nach und weiß, dass sie heute Nacht hungrig einschlafen wird.

Das Telefon klingelt. Per geht dran und meldet sich.

„Guten Tag, Per. Ich bin es“, kommt es von der anderen Seite.

„Uroma?“, fragt Per.

„Ja.“ Ihre Stimme klingt merkwürdig. Aufgeregt fast.

„Was ist denn?“, fragt Per.

„Etwas ist passiert. Etwas Verrücktes“, sagt sie.

„Etwas Verrücktes?“, wiederholt Per. So redet seine Uroma eigentlich nicht.

„Kannst du kommen?“, fragt sie.

„Klar. Aber was ist denn los?", fragt er zurück.
„Ska hat geschrieben. Es gibt noch einen Brief."
„Was? Ich komme!", ruft Per ins Telefon. Hastig erklärt er seiner Mutter, was er vorhat. Dann wühlt er seine Sandalen aus dem Stapel von Schuhen neben der Tür und rennt das Treppenhaus hinunter.
Skas Briefe sind Vergangenheit. Sie kann keine Briefe mehr schreiben. Und er hat den Karton, in dem die anderen Briefe liegen, mehrfach durchgeschaut. Es sind keine mehr darin.
Vielleicht macht Uroma sich einen Spaß?!, denkt er, während er am Kanal entlangrennt. Aber das sieht ihr nicht ähnlich. Seine Uroma scherzt nicht. Sie ist eine ernste Frau. Vielleicht will sie ihn hereinlegen und hat jemanden gebeten, noch mehr Briefe zu schreiben? Aber warum sollte sie das tun? Wahrscheinlich hat ihr das Limonadetrinken gestern nur halb so viel Freude gemacht wie Per. Es ist ja ihre Limonade gewesen. Und es war auch ihre Stimme, die Per so sehr verzaubert hat. Sie kann Limonade trinken und sich selbst etwas vorlesen, sooft sie will.
Per biegt in die Straße, in der seine Uroma wohnt. Da fällt ihm ein, wie er herausfinden kann, ob der neue Brief echt ist. Die Handschrift! Diese altertümliche Handschrift, die wird ihm verraten, ob es ein echter Brief von Ska ist. Er klingelt unten an der Haustür, hört den Summer und rennt die Treppe hinauf.
Seine Uroma wartet oben am Absatz.
Per winkt wild. Er vergisst ganz das Grüßen und das Händege-

ben, wie es seiner Uroma sonst so wichtig ist. Aber merkwürdigerweise stoppt sie ihn heute dafür nicht und weist ihn nicht zurecht.

„Per!“, ruft sie und drückt ihn nur kurz an sich.

„Wo ist der Brief?“, fragt er.

Und während er weiterläuft, fällt ihm auf, dass seine Uroma ihn so noch nie gedrückt hat. Der Stoff ihres Kleides ist glatter als alle Stoffe seiner Mutter, und sie riecht anders als seine Mutter. Sie riecht wie Seife, findet er.

„In der Küche“, ruft ihm seine Uroma nach und kommt hinterher. Und da liegt der Brief auf dem Küchentisch. Er ist gefaltet und steckt in einem Umschlag, aber er trägt keine Briefmarke. Auf dem Umschlag stehen zwei Worte. Per kann diese alte Schrift nicht lesen, aber als er die Worte sieht, ahnt er, was sie heißen. Er kann es nicht fassen.

„Was steht da?“, fragt er ungläubig.

„Für Per!“, sagt seine Uroma.

„Da steht *Für Per*? Wo kommt der Brief denn her?“, fragt er.

„Er steckte heute Mittag im Briefkasten“, gibt seine Uroma zurück.

Per zieht den Brief heraus. Er ist in der alten Handschrift geschrieben. Er ist in Skas Schrift geschrieben. Unfassbar!

„Lies vor!“, ruft Per. Er vergisst Bitte und Danke und sogar, sich hinzusetzen. Das macht dafür seine Uroma. Sie setzt sich und fragt: „Möchtest du etwas trinken?“

„Später. Bitte erst lesen!“, sagt Per.
Die Uroma faltet den Brief auseinander. Und Per kann nicht glauben, was er hört. Da schreibt ihm die kleine Ska, als wäre sie ein Mädchen aus seiner Klasse. Nein, nicht aus seiner Klasse. Denn von seiner Welt scheint sie keine Ahnung zu haben.

„Lieber Per“, beginnt seine Uroma mit Skas Stimme vorzulesen. „Hab Dank für Deinen Brief…“

„Was?“, ruft Per dazwischen. Er hat seinen Brief an Ska als Aufsatz in sein Schulheft geschrieben, aber nie abgeschickt. Er hätte auch gar nicht gewusst, wohin er ihn schicken sollte. Und gezeigt hat er ihn auch niemandem. Wie kann sie von ihm wissen?

„Es ist das erste Mal seit langer Zeit, dass mir jemand geschrieben hat. Ich weiß gar nicht, wie lange es her ist. Und was Du schreibst, das verstehe ich nicht. Was ist denn ein Roller, mit dem Du herumfährst? So was wie ein Auto für Kinder? Und was sind Videoaufnahmen? Aufnahmen kenne ich. Das sind Photographien. Wir haben welche von unserer Farm machen lassen, und sie hängen in goldenen Rahmen neben der Tür. Aber *Video*? Es hat doch nichts mit *Rodeo* zu tun, oder doch? Sind es Aufnahmen von einem Stierkampf oder einem Pferdeturnier? Wie werden sie dann gemacht? Wir mussten ganz still stehen, als die Photographie gemacht wurde. Aber ein Bulle oder ein Pferd werden das ja nicht können. Kannst Du mir das erklären? Schreibst Du mir wieder?

Viele Grüße, auf bald, Deine Ska.“

Eine andere Welt

Es ist lange hell im Sommer in der Stadt. Aber es ist nicht so lange hell, wie Per wach ist. Er muss eigentlich um halb acht ins Bett gehen. Dann darf er noch ein wenig lesen. Um acht oder spätestens halb neun muss er aber das Licht ausmachen. Das ist auch nicht so besonders schlimm, denn abends ist Per immer so hundemüde, dass er meistens schon nach dem Lesen einer halben Buchseite einschläft. Aber heute nicht. Heute hat sich Per

in seinem Schlafanzug wieder aus dem Bett geschlichen und sitzt an seinem Schreibtisch. Die Lampe brennt. Per kann nicht schlafen. Die Briefe aus der Vergangenheit lassen ihn nicht los. Er setzt sich im Schlafanzug an seinen Schreibtisch und schreibt dem Mädchen erneut:

„Liebe Ska,

ich verstehe das nicht. Wie kannst du meine Briefe kriegen? Wie kann ich dir schreiben? Kann man Briefe auch durch die Zeit schicken? Du weißt gar nicht, wie es hier ist, oder?

Autos fahren heute 150 km schnell, einige noch schneller. Und kennst du Telefone? Wir haben so kleine tragbare Telefone, die Handys heißen. Und es gibt Computer. Die sind kleiner als Fernseher, aber größer als …“

Da fällt Per plötzlich ein, dass Ska wohl auch keine Fernseher kennt. Woher auch, wenn ihre Briefe fast neunzig Jahre alt sind. Er streicht das Wort also durch und schreibt stattdessen: „Ein Computer ist so groß wie eine Schultasche.“

Und dann will er alles schreiben, was es heute noch gibt: Tabletcomputer, YouTube, elektrische Herde, Mikrowellen und Essen in Plastik, das vorgekocht ist und das man in der Mikrowelle nur warm machen muss – aber was eine Mikrowelle und Plastik ist, das wird Ska auch nicht wissen.

Per denkt an seine Uroma. Sie hat auch keine Mikrowelle. Bei ihr gibt es immer Kartoffeln und Gemüse, Braten und Fisch, niemals Pizza oder Spaghetti oder Pommes. Seine Urgroßmutter

weiß auch wenig über die Welt heute. Sie findet, dass Pers Haare zu lang sind und seine Hände zu dreckig und dass er zu viel mit seinem Roller fährt. Das schreibt Per in seinen Brief.
„Und ein Mensch ist sogar bis zum Mond geflogen", schreibt er. Das allerdings ist auch schon lange her, und Per versteht es auch nicht richtig. Er denkt an die Briefe aus Afrika und dass er lachen musste, als seine Urgroßmutter einmal mit einer selbstklebenden Briefmarke auf der Zunge durch die Wohnung gelaufen ist.
Er schreibt: „Heute gibt es auch Briefmarken, die man nicht mehr anlecken muss, sondern die selber kleben."
Und dann fällt ihm etwas auf. Etwas Merkwürdiges.
„Liebe Ska, dein Brief von heute hatte gar keine Briefmarke. Wie ist er denn von Afrika hierhergekommen? Oder wohnst du gar nicht mehr in Afrika?
Viele Grüße Per."
Per legt den Bleistift nachdenklich auf das Blatt. Er hört, dass seine Mutter ins Badezimmer geht. Und er spürt, dass die Müdigkeit mit dumpfem Pochen an seine Stirn klopft. Er klettert ins Bett und denkt an Afrika, an ein Farmhaus in der glühenden Savanne, an Palmen und wilde Affen. Und darüber schläft er ein.
Als Per am nächsten Tag von der Schule nach Hause kommt, ist er enttäuscht. Noch immer liegt sein Brief genau so da, wie er ihn liegen gelassen hat. Aber was hat er erwartet? Dass ein unsichtbarer Postbote ihn abholt? Ein Roboter oder eine

Drohne vielleicht? Er geht zum Telefon und schaut, ob seine Uroma angerufen hat. Aber weder blinkt das rote Lämpchen, das Anrufe anzeigt, noch hat jemand auf den Anrufbeantworter gesprochen.

Per isst eine Banane und blickt aus dem Fenster. Eine kleine Frau in einer blauen Strickjacke kommt den Bürgersteig entlang. Die weißen Haare hat sie zu einem Dutt zusammengebunden. Sie blickt hoch und winkt, als sie ihn sieht. Es ist seine Uroma. Und dann sieht Per, dass sie etwas in der Hand hält, mit dem sie winkt: einen Brief.
Per rennt ihr entgegen das Treppenhaus hinab. Und als seine Uroma an der Haustür ist, reißt Per sie vor ihrer Nase auf.
„Oh", sagt seine Uroma, „sehr zuvorkommend!"
Per muss grinsen. Er liebt seine Uroma für ihre altmodische Sprache.
„Du hast Post", sagt sie und reicht ihm den Brief.
Per mustert ihn. Skas eigentümliche, schwer lesbare Handschrift auf neuem Papier. Keine Briefmarke.
„Wo hast du ihn her?", fragt er.
„Er lag auf meinem Küchentisch, als ich vom Einkaufen kam", sagt seine Uroma.
„Wo kommen diese Briefe nur her?", will Per wissen.
„Ich weiß es nicht. Aber … wollen wir ihn nicht lesen? Vielleicht verstehen wir es ja dann."
Sie gehen hoch in die Wohnung, und dann geschieht etwas, was noch nie geschehen ist. Seine Uroma geht nicht in die Küche oder ins Wohnzimmer, sondern in sein Zimmer und setzt sich an seinen Schreibtisch. Per setzt sich auf den Fußboden. Seine Uroma legt den Brief von Ska auf seinen Brief und liest:

„Lieber Per,
Du lebst in einer anderen Welt als ich. Ich lebe nicht mehr in Afrika. Aber dass Menschen aus Afrika nach Deutschland oder aus Deutschland nach Afrika fliegen, das finde ich ganz unglaublich. Meine Reise damals von Afrika zurück nach Deutschland hat viele Wochen gedauert. Weißt Du, es gab ein großes Feuer, das unser Haus und einen großen Teil von unserem Land vernichtet hat. Danach war die Farm bankrott, und wir mussten sie verlassen. Wir hatten nichts mehr, nur noch das Geld für die Reise. Erst sind wir mit einer Kutsche gefahren und dann zu Fuß sehr lange gewandert. Noch heute tun mir die Füße weh, wenn ich daran denke. Und dann waren wir am Hafen, und da lag ein großes Dampfschiff. Jetzt weißt du bestimmt nicht, was ein Dampfschiff ist. Und ich weiß nicht genau, was eine Mikrowelle ist. Jedenfalls weiß ich nicht, wie sie funktioniert. Als wir von Afrika ablegten, da sah ich so lange aufs Land, bis es zu einem kleinen Strich geworden ist. Es war traurig, Afrika zu verlassen. Ich finde es gut, dass ich damals Zeit hatte, traurig zu sein. Deine Welt klingt so schnell. Hast Du Lust, dass wir uns einmal treffen?
Schreibe mir einfach wieder einen Brief. Ich finde ihn dann schon. Ich freue mich, dass wir uns schreiben!
Viele Grüße, Deine Ska."

Die Urgroßmutter lässt den Brief sinken, und als Per ausruft:

„Sie will mich treffen!“, fragt sie ihn: „Und du? Willst du dich mit ihr treffen?“
Aber Per antwortet nicht. Er hat sich schon einen Zettel und einen Bleistift geschnappt und angefangen, an Ska zu schreiben.

Dorotheenstraße 64

Per sitzt an seinem Schreibtisch und schreibt:
„Liebe Ska,
ich möchte dich sehr gerne treffen. Aber wie soll das gehen? Und ich habe immer noch nicht verstanden, wie du meine Briefe lesen kannst und wo deine Briefe herkommen. Wieso schickst du sie an meine Uroma? Ich komme immer um zwei aus der Schule. Dann gucke ich in den Briefkasten.
Viele Grüße Per"
Per legt den Bleistift weg. Er blickt auf und sieht, wie seine Uroma ihn anlächelt.
„Glaubst du, dass es Gespenster gibt? Vielleicht ist Ska tot, und das sind alles Nachrichten aus dem Jenseits", sagt er.
Seine Uroma lacht nicht. Sie schüttelt entschieden den Kopf.
„Nein! Ich habe noch kein Gespenst gesehen. Und ich lebe schon sehr lange auf der Welt. Nein, Gespenster gibt es nicht! Soll ich dir einen Teller mit Apfelspalten machen?" Per erinnert sich,

dass sie früher einmal sehr geschimpft hat, als seine Mutter ihm einen Apfel geschält hat. Damals hat sie streng gesagt, dass in der Schale das Beste des Apfels sei und dass Per doch gesunde Zähne habe und Äpfel ungeschält essen könne.

Aber seit seine Uroma ihm die Briefe vorliest, findet Per sie gar nicht mehr so streng. Im Gegenteil.

„Ska hat gesagt, dass sie nicht mehr in Afrika wohnt. Wo wohnt sie wohl?“, fragt Per.

Seine Uroma zuckt die Schultern und geht in die Küche. Da kommt ihm eine Idee. Er schnappt sich den Stapel alter Briefe und läuft ihr hinterher.

„Vielleicht hilft uns ja die Adresse“, sagt er. Die Adresse hat seine Uroma noch nie vorgelesen. „Was steht da?“

Seine Uroma nimmt den Brief und liest: „Dorotheenstraße 64, hier in der Stadt.“

„Steht da ‚hier in der Stadt‘?“

„Nein, das habe *ich* gesagt. Die Dorotheenstraße gibt es noch. Wollen wir hingehen?“

„Meinst du, dass Ska da wohnt?“

„Ich weiß es nicht. Lass uns nachsehen. Aber erst musst du deine Hausaufgaben machen.“

Per ärgert sich ein bisschen. Seine Uroma ist wieder ganz die strenge Großmutter. Er nimmt die Apfelstücke mit in sein Zimmer und setzt sich an seine Matheaufgaben. Es dauert länger, als es normalerweise gedauert hätte, weil er immerzu an die Dorotheenstraße 64 denken muss. Endlich ist er fertig. Seine Uroma hat ihre Handtasche über dem Arm und wartet im Flur auf ihn, als er aus seinem Zimmer kommt. Dann gehen sie hinunter auf die Straße und den Kanal entlang.

Die Dorotheenstraße liegt in der Innenstadt. Während sie nebeneinander hergehen, hakt sich seine Uroma plötzlich bei ihm ein.

Per ist es nur einen kurzen Moment peinlich. Immerhin gehen ja Liebespaare so spazieren, und er will nicht wie ein Liebespaar aussehen. Aber dann beginnt seine Uroma zu reden. Und obwohl sie keinen Brief von Ska vorliest, ist ihre Stimme genau so weich und hell, als sie sagt: „Ich kann mich erinnern, dass es hier nur ganz wenige Autos gab und später die Straßenbahnen. Und die Häuser, die gab es früher auch nicht. Dafür waren hier Stege am Kanal, und hinter der Straße waren große Schuppen, in denen Kohle gelagert wurde. Kannst du dir das vorstellen, dass in jeder Wohnung ein Kohleofen stand und man im Keller einen riesigen Kohleberg hatte?"

Per antwortet nicht. Es ist auch nicht nötig. Seine Uroma erzählt schon weiter. Sie gehen vom Kanal ein paar Treppen hoch und müssen an einer Ampel warten, dann biegen sie erneut rechts ab.

„Das muss die Dorotheenstraße sein", sagt die Uroma.

Sie suchen das Straßenschild und sehen: Ja, es ist die Dorotheenstraße. Sie ist breit, links und rechts ragen hohe, neumodische Häuser aus Stahl und Glas auf. Per stellt sich Pferdewagen vor, die Fässer oder Säcke oder Kohle liefern. Die Männer tragen Hüte, die Frauen Kleider, Kutschen rattern übers Kopfsteinpflaster. Vielleicht sind auf dem Dachboden des Hauses 64 ja noch mehr Briefe von Ska? Vielleicht lebt sie ja sogar da. Sie zählen die Hausnummern runter bis zur 68, dann 67, 66, 65, 64 – sie stehen vor dem Haus, an das Ska ihre afrikanischen Briefe adressiert hat. Es ist mit poliertem Marmor verkleidet, hat einen breiten Eingang und viele goldene Schilder an der Türseite. Per liest sie. Die Hälfte davon sind englische Namen, die andere Hälfte sind Rechtsanwaltskanzleien und Ärzte.

„Sie wohnt nicht hier", sagt Per und blickt sich um. Nichts in dieser Straße sieht so aus, wie er es sich vorgestellt hat. Alles ist neu. Er kommt sich einen Augenblick lang vor wie seine Uroma, die die Welt nicht mehr versteht. Dann hört er ihre Stimme: „Schau!"

Zwischen den beiden Glastüren mit dem Stahlrahmen, die den Eingang zum Haus 64 bilden, steckt ein Brief. Ein Ska-Brief. *Für Per*, steht darauf. Er starrt die Schrift an. Seinen Namen kann er jetzt schon auch in der alten Sütterlin-Schrift entziffern. Er zieht den Brief aus Tür und reißt ihn auf:

„Lieber Per,

wir treffen uns morgen Nachmittag im Park am Kanal. Ich habe eine afrikanische Maske. An der kannst Du mich erkennen.

Dann werde ich Dir alles erklären.

Bis morgen, Deine Ska."

„Wie kann sie wissen, dass ich hier bin?“, entfährt es Per.
„Vielleicht beobachtet sie dich“, sagt seine Uroma.
„Wie denn? Sie kennt mich doch gar nicht. Sie weiß nicht, wie ich aussehe!“, ruft er und murmelt dann: „Das ist alles echt merkwürdig. Irgendetwas stimmt hier nicht. Entweder gibt es Ska nämlich gar nicht, oder sie ist schon total alt.“
Seine Uroma antwortet nicht. Stattdessen sagt sie: „Hier war Markt, als ich ein Mädchen war, jeden Tag. Es gab ja keine Supermärkte. Alles, was man essen wollte, musste man sich hier kaufen. Kartoffeln und Hühner und Fisch. Immer dienstags hat hier eine Küche Erbsensuppe verkauft. Und weißt du was? Meine Eltern fanden das furchtbar, weil es neumodisch war. Und hier, hier war ein Buchladen. Und als ich mir ein Buch wünschte, da haben meine Eltern gesagt, ‚Bücher verderben die Jugend‘. Kannst du dir das vorstellen? Sie wollten nicht, dass ich lese, sondern dass ich etwas lerne.“

Per kann sich das nicht vorstellen. Lesen darf er immer. Sogar, wenn er eigentlich schlafen soll. Und Lesen zu lernen, das scheint das Wichtigste in der Schule zu sein.
„Na ja, so ist das heute mit Computern“, sagt er und erschrickt im selben Moment darüber, dass er

das so sagt. Denn der Mensch, der Computer mit Abstand am doofsten findet, ist seine Urgroßmutter. Aber nun nickt sie nur.
„Ja, da hast du recht. Ich verstehe Computer genau so wenig, wie meine Eltern Bücher verstanden haben."
„Und Ska …", wirft Per ein. „weiß nicht mal, was Computer sind!"
„Ja, Ska …", sagt seine Uroma. Aber sie beendet den Satz nicht.

Das Mädchen mit der Maske

Noch nie hat Per das Ende der Schule so herbeigesehnt wie heute. Seine Lehrerin, Frau Bauer, hat ihn für den Aufsatz gelobt, den er neulich geschrieben hat. Aber Per will gar kein Lob hören. Er will nur, dass die Schule endlich zu Ende ist und er in den Park kann.
„Also, dass du den Aufsatz als Brief geschrieben hast, das war eine tolle Idee!“, sagt Frau Bauer.
Dabei hat sie keine Ahnung, dass der Brief ein echter Brief ist. Gestern Abend musste Per sich erst einmal schlaumachen, was eine afrikanische Maske überhaupt ist. Seine Mutter zeigte ihm Bilder im Internet. Er sah Holzmasken mit Stroh oder Fell als Haaren, mit großen Mündern und weißen Lippen, und sie sahen alles in allem Furcht einflößend aus.
„Urgroßmutter hat auch eine. Hat sie dir die noch nie gezeigt?“, fragte die Mutter.
Per schüttelte den Kopf. „Wo hat sie die Maske denn her?“, fragte er.

„Vielleicht von ihrem Vater. Der hat früher einmal in Afrika gelebt."
„Mein Ururgroßvater hat in Afrika gelebt?" Per kam ein Verdacht. Noch war er ganz klein und unscharf, wie ein Bild im Nebel, etwas, das man nicht genau erkennt …
Als heute die Schule zu Ende ist, hält ihn nichts mehr. Per schmeißt sich seinen Ranzen über die Schulter und rennt los durch die heiße Sommerluft und die Hitzestadt hinunter zum Kanal, der riecht wie eine Wasserlache in einer afrikanischen Savanne. Fehlt nur noch, dass ein Krokodil daraus auftaucht!
Per stürmt eine Treppe hinauf, überquert an der Ampel eine Straße und ist im Park. Per sieht sich um. Er stellt sich Ska wie ein Mädchen aus seiner Klasse vor. Oder nein! Er stellt sie sich wie ein Mädchen in einem alten Film vor, mit Rüschenrock und Haube oder Hut.
Und dann sieht er sie. Ein Mädchen, nur wenig größer als er. Es sitzt auf der Bank, auf der seine Uroma neulich gesessen hat – und hat eine afrikanische Maske vor dem Gesicht. Die Maske ist braun und hat rote Streifen und ein Büschel aus Fell als Haarschopf. Ska trägt einen grauen Rock und schwarze Schnürschuhe. Unsicher geht Per näher. Ska wendet ihm den Kopf mit der Maske zu. Sie muss ihn gesehen haben.
„Hallo", sagt sie, und ihre Stimme ist auch unter der Maske weich und hell, eine Mädchenstimme.
„Bist du Ska?", fragt Per.

„Ja, die bin ich."

„Das ist ein komischer Name."

„Nur eine Abkürzung. Meine Eltern nannten mich Franziska. Franzi-Ska – verstehst du?"

Per versteht. Und da ist er wieder, der Nebel. Das Bild in seiner Vorstellung wird schärfer. Es kommt langsam näher. Aber er

kann es noch nicht genau sehen. Irgendwoher kennt er den Namen Franziska. Aber es ist kein Mädchen aus seiner Klasse.
„Kannst du deine Maske mal abnehmen?", fragt Per.
„Möchtest du das wirklich?", fragt Ska.
Kurz stockt Per der Atem. Was, wenn sie ein hässliches Gesicht hat? Wenn sie eine Mumie ist oder ein Gespenst?
„Ja", sagt er dann fest.
Ska hebt die Hände und fasst die Maske am unteren Rand an. Als Per ihre Hände sieht, fällt ihm ein, woher er den Namen Franziska kennt. Und als Ska die Maske anhebt und ein paar weiße Haare in ein altes, aber sehr braunes Gesicht fallen, ist er schon nicht mehr überrascht.
„*Du* bist Ska!", ruft er.
„Bist du jetzt enttäuscht? Du hast sicher jemand anderes erwartet, oder? Ein Mädchen in deinem Alter?"
Per überlegt. Nein, enttäuscht ist er nicht. Er freut sich, seine Uroma zu sehen. Er schüttelt den Kopf.
„Weißt du, als ich dir die Briefe vorgelesen habe, die ich vor über achtzig Jahren geschrieben habe, da war ich selbst sprachlos. Ich hatte ganz vergessen, wie jung ich einmal war", sagt seine Uroma.
„Hast du denn früher in Afrika gelebt?", fragt Per.
„Ja, als ich so alt war wie du. Mein Vater hatte eine Farm in Afrika. Aber wir haben sie durch einen Brand verloren."
„Und wie konntest du meine Brief an Ska lesen?", fragt Per. Aber

er ahnt die Antwort bereits. Den ersten kannte seine Mutter als Aufsatz, und sie wird seine Uroma angerufen haben. Den zweiten Brief hat er auf seinem Schreibtisch liegen gelassen. Auch den wird seine Mutter gefunden haben und ihrer Großmutter davon erzählt haben.

„Genau so war es“, nickt seine Uroma, als er seine Vermutung äußert.

„Und die neuen Briefe von Ska an mich, die hast du auch geschrieben, und dann hast du so getan, als ob du sie gefunden hast?!“

„Nun … bist du mir böse, dass ich dir das nicht gleich gesagt habe?“

Per nimmt die afrikanische Maske und setzt sie sich auf. Dann tritt er einen Schritt von seiner Uroma weg. Die Maske riecht nach staubigem Holz. Sie riecht nach Vergangenheit und nach Sommer. Sie riecht, alles in allem, nach seiner Uroma. Und Per versteht, dass seine Uroma, weil sie vergessen hatte, dass sie einmal Ska war und ein Mädchen, auch nicht verstehen konnte, wie es ist, Per zu sein und ein Junge. Aber als Ska ist sie seine Freundin. Er legt die Maske weg und umarmt seine Uroma. Der Geruch von Seife kommt zu dem afrikanischen Geruch dazu. Per hat noch viele Fragen. So ganz kann er noch immer nicht glauben, dass seine Uroma einmal ein Mädchen war, noch dazu eines, das Giraffen und Nashörner gesehen hat und mit einer Kutsche und einem Dampfschiff gereist ist. Er will sie fragen,

wer der Junge war, der vermisste Freund, an den sie die Briefe geschrieben hat, und was aus ihm geworden ist. Und er will sie fragen, ob sie selbst in der Dorotheenstraße 64 gelebt hat. Aber all das fragt er nicht. Dafür wird später noch Zeit sein. Nachdem sie sich so lange über Skas Welt unterhalten haben, hat er das Gefühl, es ist an der Zeit, seiner Uroma *seine* Welt zu zeigen.
Er nimmt die Maske wieder ab.
„Hast du Lust, dass wir zusammen am Computer spielen?", fragt er. Und seine Uroma, Ska, bekommt plötzlich eine Falte mehr im Gesicht, eine Falte, die Per zuvor noch nie gesehen hat. Und dann lacht sie. Sie lacht laut und muss sich dabei an der Bank festhalten. „Ja", lacht sie. Einfach nur: Ja.

Ich will Meer

Die roten Schuhe

In der großen Pause sitzt Greta auf der Schaukel des Schulhofes und hat so viel Schwung, dass ihre neuen roten Turnschuhe bis in den Himmel schwingen.
Es sind die letzten Schultage vor den Sommerferien. Alle ihre Mitschüler und Freundinnen freuen sich auf den Urlaub mit ihren Eltern und erzählen von nichts anderem mehr. Greta steht stumm daneben und schweigt. Sie fährt mit ihrer Mutter nie in den Urlaub. Nur manchmal besuchen sie in den Sommerferien Gretas Opa. Daran denkt Greta gerade, als Fabian kommt, einen Kakao in der Hand, und sich an die Schaukel lehnt.
„Deine Turnschuhe sehen aus wie zwei riesige Erdbeeren. Findest du die etwa gut?“, fragt er sie. Fabian ärgert Greta immer. Greta denkt: Fabian hat ja keine Ahnung. Wenn etwas wie Erdbeeren aussieht, kann es nicht schlecht sein.
Erdbeeren sind Gretas Lieblingsfrüchte. Und die Schuhe hat ihr

ihr Opa geschenkt und gesagt, dass dies Glücksschuhe sind. Wenn man sie anhat, geht alles, was man sich wünscht, in Erfüllung.
„Die Schuhe habe ich von meinem Opa", sagt sie.
Fabian nickt, aber dann sagt er: „Dein Opa hier, dein Opa da. Immer dein Opa. Sogar in den Ferien musst du zu ihm. Weißt du, was ich mache? Ich fliege mit dem Flugzeug auf eine Insel."
Fabian weiß, wie er Greta ärgern kann. So sehr ärgert sie sich nun über ihn, dass sie in vollem Schwung von der Schaukel springt.
„Was, bitte, ist an einer Insel besonders?", fragt sie.
Und Fabian antwortet: „Da gibt's Meer."
Greta versteht nicht, was er meint. „Wovon gibt es da mehr?", fragt sie ihn.
„Was meinst du mit ‚wovon'?", fragt Fabian zurück. „Es gibt da das Meer, den Ozean, in dem die Insel liegt. Jeden Tag kann man auf das Meer schauen."
Greta erkennt, warum sie Fabian nicht verstanden hat. Es gibt Worte, die gleich klingen, aber trotzdem etwas ganz anderes bedeuten. Das Wort „Meer" kann ja einmal Ozean und einmal

„viel" bedeuten. Und Greta hat gedacht, Fabian meint „viel", dabei hat er mit „Meer" das Wasser gemeint.
„Auf das Meer zu schauen ist nicht schlecht", antwortet Greta jetzt. „Aber noch besser ist es, auf dem Meer zu fahren. Meine Mutter und ich wollen in den Ferien eine Schiffsreise machen. Mit einem Schiff, das doppelt so groß ist wie ein Flugzeug." Und dann lässt sie Fabian einfach stehen und stapft mit ihren roten Turnschuhen davon.
Dem habe ich es gezeigt, denkt sie. Und ich habe noch nicht einmal gelogen, denn wir *wollen* ja tatsächlich gerne eine Schiffsreise machen. Nur *machen* können wir sie leider nicht. Aber wollen kann man es ja trotzdem.
Nach den Schularbeiten geht Greta mit ihrer Mutter einkaufen. Seit ein paar Wochen traut Greta sich allein zum Bäcker. Ihre Mutter besorgt währenddessen ein paar Sachen im Supermarkt nebenan. Beim Bäcker arbeitet Fabians Mutter. Als Greta das Brot bezahlt, fragt Fabians Mutter sie: „Und wohin soll die Reise gehen?"
Greta weiß zuerst nicht, was Fabians Mutter meint. Aber dann fällt es ihr ein. Sie meint die Schiffsreise. Der doofe Fabian hat weitererzählt, was sie ihm an der Schaukel gesagt hat. Greta weiß nicht, was sie antworten soll.
„Ich weiß nicht genau, wohin die Reise geht. Meine Mutter kümmert sich um alles!", sagt sie schließlich etwas kleinlaut.
Greta fühlt sich unwohl. Wenn Fabian seiner Mutter erzählt,

dass ich eine Schiffsreise mache, dann erzählt er es auch in der ganzen Klasse, denkt Greta. Wenn dann herauskommt, dass es gar nicht stimmt, dann bin ich die Dumme, und alle lachen mich aus.

Der Gedanke, von der ganzen Klasse ausgelacht zu werden, beschäftigt sie noch, als sie wieder auf der Straße steht. Nach ein paar Minuten kommt ihre Mutter mit einer vollgepackten Tasche, und gemeinsam schlendern sie zurück durch die Fußgängerzone. Sie sind so ins Gespräch

vertieft, dass sie fast gegen eine große Blechtonne gelaufen wären. In der Blechtonne steckt ein Sonnenschirm, auf der Tonne ist der Schriftzug „Königin Josephine“ zu lesen, und neben der Tonne steht eine Frau in blau-gelber Uniform. Greta blickt von der Tonne zu der Frau und fragt: „Sind Sie Königin Josephine?“

Die Frau fängt an zu lachen. „Nein, ich bin nicht Königin Josephine. Königin Josephine ist ein Schiff. Ein großes Schiff. Es ist so groß, dass man darauf mit einem Fahrrad fahren kann.“

Sie zeigt Greta und ihrer Mutter ein Bild. Darauf ist ein großes blaues Schiff zu sehen. Menschen stehen an der Reling und winken. Es sieht aus, als ob sie Greta zuwinkten.

„Wollen Sie bei einem Wettbewerb mitmachen?“, fragt die Frau. „Das Schiff ist ein Kreuzfahrtschiff. Man kann darauf Urlaub machen. Es ist wie ein schwimmendes Hotel. Und für dieses Hotel, das jeden Tag in einen anderen Hafen fährt, suchen wir einen Werbespruch. Damit noch mehr Leute auf dem Schiff Urlaub machen. Und wenn Sie gewinnen, können Sie vierzehn Tage lang kostenlos zu zweit auf dem Schiff mitfahren.“

Gretas Mutter guckt zweifelnd, aber in Gretas Kopf wirbeln die Gedanken durcheinander. Das ist die Gelegenheit, denkt sie und guckt auf ihre roten Schuhe. Glücksschuhe,

hat ihr Opa gesagt. Greta fragt die Frau, die nicht Königin Josephine ist: „Geben Sie mir eine Karte?"
Die Frau reicht ihr eine der Teilnahmekarten, und Gretas Mutter schreibt ihren Namen und ihre Adresse darauf.
„Jetzt fehlt nur noch ein guter Spruch", sagt Greta und sieht zu ihrer Mutter hoch, aber die hat sich schon zu der Frau umgedreht und unterhält sich mit ihr. Greta kann sich gar nicht konzentrieren. Sie muss wieder an Fabian denken. Als er von dem Urlaub auf der Insel erzählt hat, hat sie ihn zuerst nicht verstanden, weil sie dachte, er meint mit Meer „viel". Und dann hat Greta ihm vorgeflunkert, dass auch sie eine Reise auf dem Meer macht. Es war keine richtige Lüge, weil sie ja nur gesagt hat, dass sie die Reise machen *will*. Und plötzlich weiß Greta einen Spruch: „Mein Spruch heißt: ICH WILL MEER!"
Die Frau und Gretas Mutter unterbrechen ihr Gespräch und sehen sie überrascht an. Dann lacht die Frau. Sie hat verstanden und ruft: „Das ist wirklich ein guter Spruch! Vielleicht hast du ja Glück und gewinnst die Reise!" Sie zwinkert Greta zu und steckt die Karte in die Tonne.
Ein paar Tage später ist der letzte Schultag. Gretas Mutter kauft für Greta einen großen Korb Erdbeeren. Vor dem Haus, in dem sie mit Greta wohnt, trifft sie den Briefträger. Der drückt ihr einen Brief in die Hand. Darauf ist ein großes blaues Schiff. Gretas Mutter sieht nicht so genau hin, weil sie denkt, es wäre wieder so eine Werbesendung. Achtlos steckt sie den Brief

zwischen die Erdbeeren. In der Wohnung stellt sie den Erdbeerkorb auf der Kommode ab. Greta kommt aus ihrem Zimmer.
„Oh, wie lecker, es gibt Erdbeeren!“, ruft sie freudig.
„Ein Feriengeschenk. Ganz allein für dich“, sagt ihre Mutter.
Aber auf einmal sind die Erdbeeren gar nicht mehr wichtig. Greta hat den Brief entdeckt und das Schiff auf ihm sofort erkannt. Sie reißt den Brief auf und hält ihn gleich ihrer Mutter hin: „Liest du ihn vor?“
Ihre Mutter überfliegt den Brief. Dann lässt sie ihn sinken: „Da steht, dass du die Schiffsreise gewonnen hast. Und in zwei Wochen geht es schon los“, sagt sie und stottert: „Das … das ist ja verrückt.“
Greta fängt an zu lachen. „Ein Feriengeschenk“, sagt sie, „aber für uns beide zusammen.“

Dann essen Greta und ihre Mutter die Erdbeeren und malen sich aus, was sie auf dem Schiff alles erleben werden. Im Internet schauen sie sich die Route an, die das Schiff fährt. Nachdem die Erdbeeren alle sind, überlegen sie, was sie alles einpacken müssen. Greta ist es egal, was sie mitnehmen, solange nur ihre roten Turnschuhe dabei sind.

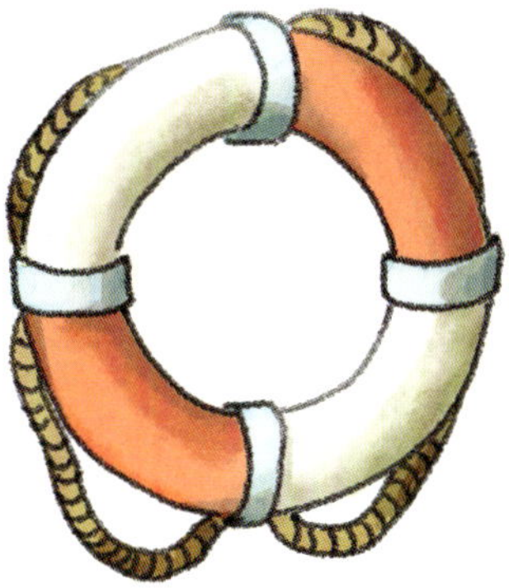

Das blaue Schiff

Zwei Wochen können sehr lang sein. Zwei Wochen dauert es, bis sich Greta und ihre Mutter ganz frühmorgens auf den Weg ans Meer machen. Diese zwei Wochen kommen Greta wie ein ganzes Schuljahr vor, sie wollen einfach nicht vergehen. Und dann ist es endlich doch so weit.

Am Abend vor der Abreise packen sie: Greta einen kleinen Rucksack und Gretas Mutter einen großen. Den großen Rucksack muss Gretas Mutters sogar zweimal packen, weil beim ersten Mal nicht alles hineingegangen ist. In Gretas Rucksack hat alles gleich beim ersten Mal gepasst, weil sie ihre erdbeerroten Turnschuhe nicht eingepackt hat. Obwohl es sehr warm ist, hat Greta darauf bestanden, die

Turnschuhe gleich anzuziehen. Das sind schließlich ihre Glücksschuhe.

„Hoffentlich platzt er nicht auf“, sagt sie, als der Rucksack endlich so gepackt ist, dass man ihn zumachen kann und Gretas Mutter ihn gegen die Garderobe lehnt. Aber am nächsten Morgen steht er noch immer so da, wie sie ihn abgestellt hat.

Sie fahren mit dem Zug in die Stadt. Und dann mit dem Bus direkt zum Hafen. Da liegt die Königin Josephine am Pier

vertäut. Ihr Rumpf ist dunkelblau gestrichen. Er ist noch blauer als auf der Abbildung auf dem Briefumschlag. Oben an der Reling stehen lauter Menschen und winken. „Guck mal, es sieht so aus, als winken die alle nur uns zu", ruft Greta und winkt zurück. Dann geht sie zusammen mit ihrer Mutter zum Einchecken in ein Haus, in dem alle Wände aus Glas sind, sodass man auch von innen die ganze Zeit das Schiff im Hafen sehen kann. Sie stellen sich in der Schlange vor dem Schalter an.

Die anderen Passagiere haben viele große Koffer dabei. Dagegen ist der Rucksack ihrer Mutter geradezu winzig. Am Schalter werden ihre Fahrkarten und Pässe kontrolliert, dann dürfen sie passieren. Ein freundlicher Mann mit Namensschild nimmt ihrer Mutter den Rucksack ab und weist ihnen den Weg. Ihre Mutter sieht Greta ungläubig an.
Greta nickt. Sie wusste es vorher. Mit ihren Schuhen können sie nur Glück haben.
Schließlich stehen sie am Pier. Der Himmel ist wolkenlos, bis auf ein paar Schäfchenwolken ganz weit hinten. Die Sonne scheint auf das Meer, und die kleinen Wellen glitzern wie Gold. Die Luft schmeckt nach Salz. Sie gehen eine Gangway hoch an Bord. Oben begrüßt sie eine Frau in einer Uniform mit einem kleinen blauen Hut. Greta erkennt sie wieder. Es ist die Frau, die vor der Sparkasse gestanden und ihnen die Teilnahmekarte für den Wettbewerb gegeben hatte. Greta bleibt vor ihr stehen. „Hallo, kennen Sie mich noch?“
Die Frau erinnert sich. Ein Lächeln fliegt über ihr Gesicht. Doch bevor sie etwas sagen kann, ruft Greta: „Ich habe gewonnen. Toll, was?!“
„Ja, das ist tatsächlich toll. Willkommen an Bord!“
„Fahren Sie etwa auch mit?“, will Greta wissen.
„Ja. Ich arbeite hier. Ich bin Stewardess. Wenn du Wünsche oder Fragen hast, kannst du immer zu mir kommen.“
Wünsche hat Greta gerade keine. Aber eine Frage hat sie: „Sie

haben damals gesagt, dass Matrosen mit Fahrrädern auf dem Schiff fahren. Wo sind die denn?“
„Die Matrosen sind jetzt gerade unten im Ladedeck. Wenn du willst, kann ich sie dir nachher zeigen. Wir treffen uns um elf am Fahrstuhl zum Ladedeck, ja?“, schlägt die Stewardess vor.
Greta verspricht, da zu sein. Nun will der freundliche Mann ihnen ihre Kabine zeigen. Aber Greta möchte an Deck bleiben, bei den Möwen, die mit lauten Rufen das Schiff umkreisen. Sie will das Funkeln der kleinen Wellen sehen und zwischen den winkenden Passagieren hin und her laufen. Ihre Mutter erlaubt es ihr. Denn das Gute an einem Schiff ist, dass man nicht weglaufen kann. Man kann höchstens über Bord fallen. Nachdem Gretas Mutter ihr genau erklärt hat, wo ihre Kabine liegt, muss Greta ihr noch versprechen, nicht auf das Geländer der Reling zu klettern.
Stattdessen zählt sie erst mal die Rettungsboote. Dann guckt sie zu, wie die Flagge im Wind flattert, und zieht einmal an den Seilenden, den Tampen, mit denen die Königin Josephine vertäut ist. Sie sind schwer und fettig, und als Greta sie wieder loslässt, sind ihre Hände voll schwarzer Schmiere. Dann geht Greta unter Deck und sucht den Fahrstuhl zum Ladedeck. Aber da sie noch eine halbe Stunde Zeit hat, macht sie sich erst mal zu einem Erkundungsgang durch das Schiffsinnere auf. Sie schaut durch eine dunkle, abgeschlossene Glastür in den Salon.
Als ein Steward kommt, läuft sie schnell weg, denn sie hat mit

ihren Händen, an denen noch das Fett der Tampen ist, die Tür ganz dreckig gemacht. Sie streift durch Gänge mit orangefarbenem Teppich, Hallen, die mit poliertem Holz vertäfelt sind, und wieder durch Gänge, die mit grünem Teppich ausgelegt sind. So groß ist die Königin Josephine, dass man sich in ihr verlaufen kann. Und plötzlich ist es schon kurz vor elf. Greta rennt los, zurück durch den grünen Gang, dann durch die Holzhalle und dann durch den orangefarbenen Gang. Am Fahrstuhl wartet die Stewardess schon auf sie.

„Hallo!“, ruft Greta ihr zu.

„Hallo – ich dachte schon, du kommst nicht mehr!“

Die Fahrstuhltür geht auf und schließt sich mit einem leisen Knacken wieder hinter Greta und der Stewardess. Summend fahren sie in die Tiefe. Als sie wieder aus der Tür heraustreten, wären sie um ein Haar von einem Matrosen überfahren worden, der in rasantem Tempo auf einem Fahrrad durch den Laderaum fährt.

Hier brennt ein grelles Licht. Greta sieht Männer in orangefarbenen Overalls, die Lastwagen entladen, Paletten mit Dosen stapeln und Kisten aufeinandertürmen. Die Dieselmotoren der Laster brummen, und die Stewardess muss Greta ins Ohr schreien: „Das sind die Lebensmittel, die die Gäste und die Besatzung auf der Fahrt essen.“

„So viel essen wir?“, brüllt Greta zurück.

„Noch viel mehr – das meiste ist schon verstaut!“ Und während

die Stewardess das ruft, erzittert das Schiff, und der Lärm der Lastwagen wird übertönt von einem mächtigen Dröhnen.
„Was ist das?“, ruft Greta aufgeregt.
„Wir legen ab!“, antwortet die Stewardess.
„Das will ich sehen!“, schreit Greta über den Lärm hinweg.
Schnell fahren sie im Fahrstuhl wieder hoch. Greta rennt zurück nach oben, an die salzige Luft, an Deck. Als sie eine Tür aufstößt, prallt sie fast mit einem Jungen zusammen, der von draußen hereinkommt. Er ist ungefähr in ihrem Alter.
„Pass doch auf!“, schnauzt er sie an.
„Pass doch selber auf“, ruft Greta zurück und wundert sich, dass der Junge ausgerechnet jetzt unter Deck geht, wenn man doch von oben sehen kann, wie das Schiff ablegt. Aber da entdeckt sie vorn an der Reling ihre Mutter und läuft zu ihr.
Unten lösen die Hafenarbeiter die Tampen von den Pollern, dann beginnen sich die Schiffsschrauben zu drehen. Langsam schiebt die Königin Josephine ihren blauen Rumpf von der Kaimauer weg. Greta und ihre Mutter winken wie alle anderen neben ihnen auch den Menschen zu, die unten im Hafen zurückbleiben und langsam immer kleiner werden.

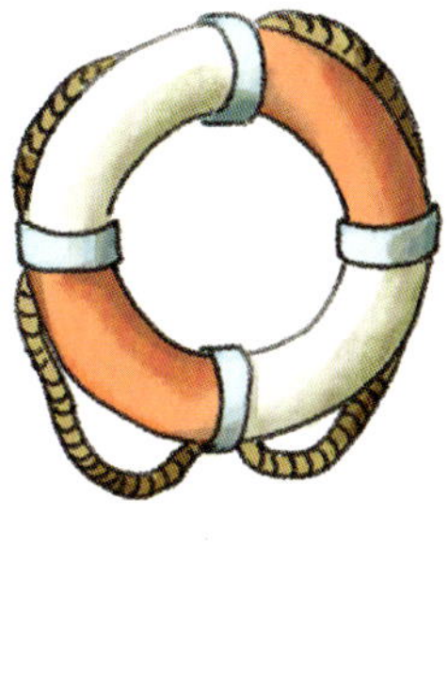

Die weiße Leiter

Die Kabine, in der Greta und ihre Mutter auf dem Schiff Königin Josephine wohnen, ist doppelt so groß wie Gretas Zimmer zu Hause. Ein dicker Teppich liegt auf dem Fußboden, auf jeder Seite des Zimmers ist ein Bett, dazwischen steht ein Tisch, und es gibt sogar einen kleinen Flur, von dem ein Badezimmer abgeht. Das Beste an der ganzen Kabine ist jedoch, dass sie ein rundes Fenster hat, ein Bullauge. Das Bullauge ist nur ganz knapp über dem Meer. Wenn Greta aus dem Bullauge schaut, schwappen die Wellen bis zu ihr hoch.

Nachdem sie und ihre Mutter ihre Rucksäcke ausgepackt haben, schaut Greta so lange aus dem Bullauge über das Meer, bis kein Land mehr am Horizont zu sehen ist. Dann essen ihre Mutter und sie mitgebrachte Brote. Anschließend macht ihre

Mutter einen kleinen Mittagsschlaf. Greta jedoch geht das Schiff erkunden.
Auf dem Sonnendeck legt sie sich auf einen Liegestuhl und betrachtet die Möwen, die vor der Sonne hin und her flattern. Da fällt ein Schatten auf Greta und sie blickt in das sommersprossige Gesicht eines Jungen in ihrem Alter. Es ist der Junge, dem sie fast die Tür an den Kopf gestoßen hätte, als das Schiff ablegte.
„Hallo, ich bin Frederik“, sagt der Junge. „Mein Vater ist der Bäcker an Bord.“
Greta richtet sich auf. „So ein Quatsch. An Bord gibt es doch keinen Bäcker.“ Der Junge erinnert sie an Fabian aus ihrer Schule, der sie immer ärgert.
„Klar gibt es einen Bäcker. An Bord gibt es alles, was es an Land auch gibt. Es gibt sogar eine Lehrerin und eine Schule. Im Moment sind allerdings Ferien. Aber ich sehe schon, dass du überhaupt keine Ahnung von Schiffen hast. Du bist eine Landratte. Wie heißt du überhaupt, Landratte?“
„Greta. Und ich habe sehr wohl Ahnung von Schiffen.“
„So – und was weißt du von diesem Schiff?“, fragt Frederik spitz.
Greta ist jetzt froh, dass sie das Schiff bereits vor dem Auslaufen so gut erkundet hat. „Es hat achtundzwanzig Rettungsboote, der Salon wird abends um acht geöffnet, und die Seile, mit denen es an Land festgemacht wird, sind voll schwarzer Schmiere, und die Lebensmittel für die Passagiere werden ganz unten im Laderaum gelagert.“

Frederik macht die Augen schmal und blickt Greta scharf an. „Du hältst dich wohl für besonders schlau!“, sagt er.
„Nein. Eine der Stewardessen hat mir den Laderaum gezeigt“, erklärt Greta ihm.
„Ach, so eine bist du.“ Frederiks Stimme wird böse. „Du bist wohl was Besseres, dass du gleich eine extra Schiffsführung kriegst. Hat dir die dein Vater gekauft?“
„Quatsch, hat er nicht“, gibt Greta zurück.
„Na klar hat er, lüg doch nicht. Du bist nicht nur eine Landratte. Du bist sogar eine verhätschelte Landratte. Von denen gibt es auf jeder Reise mehr als genug!“
„Ich bin mit meiner Mutter hier an Bord. Und die hat überhaupt kein Geld.“ Greta ist nun auch böse auf Frederik. „Ich hab die Fahrt gewonnen. Bei einem Wettbewerb!“
„Und wo ist dein Vater?“
Gretas Vater lebt nicht bei ihnen. Ihre Mutter und sie leben alleine. Aber jetzt, vor Frederik, der ihr nicht glauben will, dass sie keine Landratte ist, sagt sie: „Mein Vater ist Kapitän von einem Schiff, das noch viel, viel größer ist als dieses hier. Er ist immer unterwegs.“
Da ist Frederik für einen Moment still. Aber Greta hat sich zu früh gefreut, wenn sie denkt, dass er sie nun in Ruhe lässt.
„Das glaubst du ja wohl selber nicht!

Wenn dein Vater Kapitän ist, dann kennst du dich ja bestimmt gut mit Kommandobrücken aus."
„Klar", sagt Greta und weiß nicht, wovon Frederik redet.
„Dann beweis es. Wenn du doch nicht feige, sondern mutig bist, dann kletterst du diese Leiter hoch zur Kommandobrücke." Frederik zeigt auf eine schmale, weiße Feuerleiter, die außen an der Wand der Deckaufbauten hoch zu einer Eisentür führt.
Greta erschrickt. Es sind bestimmt drei Meter. Aber jetzt kann sie nicht mehr zurück. Denn sie will auf keinen Fall, dass Frederik sie für einen Feigling hält.
„Warte hier auf mich. Ich bin gleich wieder da", sagt sie. Dann rennt sie unter Deck in ihre

Kabine. Ihre Mutter liegt auf einem der Betten und schläft. Sie merkt nicht, wie sich Greta ihre roten Turnschuhe holt. Erst draußen auf dem Flur zieht sie sie an. Die roten Turnschuhe sind ihre Glücksschuhe. Wenn Greta die anhat, dann geht alles gut, was sie sich vornimmt.

Wieder auf dem Sonnendeck lacht Frederik, als er ihre Schuhe sieht. Aber Greta achtet nicht weiter auf ihn und fängt an, die weiße Leiter hinaufzuklettern.

Je höher Greta klettert, desto mehr zerrt der Wind an ihr. Das Schiff schwankt auf den Wellen, und Greta wird es auf einmal schwindelig. Sie blickt nach unten und sieht tief unter sich das Meer. Aber sie sieht auch Frederik, der auf dem Deck steht und ihr zuruft: „Na, Landratte, hast du Angst?"

Greta sieht auf ihre roten Schuhe, die ihr einen guten Halt geben. Dann klettert sie weiter. Sprosse um Sprosse zieht sie sich hoch. Eine Möwe fliegt ganz dicht an ihr vorbei und lässt sich mit etwas Abstand auf einem Vorsprung nieder. Der Qualm vom Schornstein steigt hoch in den Himmel. Und schließlich ist sie oben an der Eisentür. Sie drückt die Klinke nach unten. Aber die Tür ist abgeschlossen. Sie schaut nach unten. Frederik ist weg. Dafür steht dort jetzt ein Mann. Der Mann blickt sie an, sagt aber kein Wort. Greta erkennt, dass er eine dunkelblaue Uniform und eine weiße Mütze trägt.

Langsam und vorsichtig steigt sie wieder hinab, wieder vorbei an der Möwe, die sie aus unbeweglichen Augen anstarrt, und dem

beißenden Rauch. Als sie unten ist, legt der Mann ihr seine schwere Hand auf die Schulter, die aus einem goldbestickten Uniformärmel kommt.
„Was wolltest du da oben?“, fragt er sie mit einer Stimme, die Greta mehr Angst macht als jedes Schimpfen.
„Zur Kommandobrücke“, gibt sie kleinlaut zurück und starrt verlegen auf ihre roten Schuhspitzen.
„Und was wolltest du da?“, fragt der Mann sie.
Greta weiß nicht recht, was sie sagen soll. Sie hat etwas Verbotenes und Gefährliches getan. Und sie hat einmal gelesen, dass es auf Schiffen schlimme Strafen gibt. Soll ich dem Mann erzählen, dass Frederik mich dazu angestiftet hat?, denkt sie, sagt dann aber: „Ich wollte den Kapitän fragen, ob er mich mal durch sein Fernglas schauen lässt.“
Da fängt der Mann an zu lachen. „Komm mit“, sagt er, „ich bin der Kapitän. Wir gehen zusammen hoch. Aber wir nehmen einen bequemeren Weg.“
Er führt sie unter Deck und dann eine große Freitreppe hinauf, vor der ein Schild hängt, auf dem steht, dass der Durchgang für Passagiere verboten ist. Gerade als Greta dem Kapitän folgen will, sieht sie Frederiks Sommersprossengesicht durch ein Bullauge von außen reinschauen. Sie streckt ihm die Zunge raus. Da verschwindet Frederiks Kopf schnell wieder.
Dem hab ich es gezeigt, freut sich Greta insgeheim.
Oben gibt ihr der Kapitän sein Fernglas. Greta sucht am Hori-

zont, ob mit dem Fernglas noch Land zu sehen ist. Aber sie sieht nur noch die unendliche Weite des Wassers. Ganz langsam senkt Greta das Fernglas, bis sie ihre eigenen roten Schuhe riesengroß vor sich sieht.

Der braune Hund

Wenn man mitten auf dem Meer frühstückt, ist das Wichtigste, sich nicht zu viel Milch in das Müsli zu gießen. Denn das Schiff schaukelt, und die Milch schwappt über den Rand. Genau das passiert Greta jetzt bei ihrem ersten Frühstück an Bord. Aber der Kellner, der ihrer Mutter Kaffee bringt, lacht nur. „Das macht nichts, du hast ja noch zwei Wochen Zeit, um zu lernen, wie man auf See isst."

Das ältere Ehepaar vom Nachbartisch lacht auch und sagt etwas, das Greta nicht versteht.

„Das sind Amerikaner“, erklärt Gretas Mutter, „sie sagen, ihnen ist es auch erst so gegangen.“
Nach dem Frühstück macht sich Greta auf die Suche nach Frederik. Sie will, dass Frederik zurücknimmt, was er über sie gesagt hat.
Aber Greta findet Frederik nicht. Nur das amerikanische Ehepaar, das seinen kleinen braunen Hund ausführt, läuft ihr wieder über den Weg. Enttäuscht geht Greta zu ihrer Kabine zurück. Gerade, als sie in den letzten der vielen Gänge biegen will, greift eine Hand von hinten nach ihr. Greta erschrickt sehr.
„Hallo“, sagt eine Stimme. Sie gehört Frederik. Greta dreht sich um. Hinter ihm stehen noch ein Mädchen und ein Junge.
„Da bist du ja. Wir haben dich schon überall gesucht, wir wollen dir was zeigen“, sagt Frederik und deutet auf die beiden anderen Kinder. „Das ist Justus, der Sohn vom ersten Maat. Und das ist Kate. Sie ist aus England. Ihr Vater ist Maschinist.“
„Ich bin Greta. Ich komme aus Deutschland, und meine Mutter ist Sängerin“, sagt Greta.
„Sängerin? Was singt sie denn?“, fragt Kate.
„Können wir los?“, unterbricht Frederik die Mädchen einfach, ohne eine Antwort abzuwarten, und sagt zu Greta: „Du hast ja wieder deine Turnschuhe an, das ist gut.“
„Wieso ist das gut? Was wollt ihr mir denn zeigen?“, will Greta wissen.
„Den Maschinenraum. Den darf man nur mit Gummisohlen

betreten“, antwortet Kate, die sehr gut Deutsch spricht. Man hört nur ein bisschen, dass sie Engländerin ist.
„Dürfen wir da denn rein?“, erkundigt sich Greta neugierig.
„Eigentlich nicht. Aber heute hat mein Vater Dienst, und der drückt beide Augen zu“, lacht Kate.
Greta folgt den anderen und denkt: Dass Frederik mich mit zum

Maschinenraum nimmt, ist eigentlich noch besser als eine Entschuldigung.

Viele Treppen geht es abwärts, immer tiefer in den Rumpf des Schiffes. Je tiefer die Kinder kommen, desto lauter wird das Geräusch der Motoren. Schließlich halten sie vor einer Stahltür, die ein Drehrad als Schloss hat.

Kate drückt einen Klingelknopf neben der Tür, und nach einer Weile öffnet ihnen ein kleiner Mann. Es ist Kates Vater.

Er sagt etwas, aber der Lärm ist so groß, dass die Kinder ihn nicht verstehen können. Er winkt, dass sie ihm folgen sollen. Der Krach wird immer lauter. Kates Vater führt sie weiter in einen Raum, in dem eine Menge Computer stehen und alles voller Knöpfe, Hebel und Uhren ist. Durch eine große Scheibe sieht man in den Maschinenraum. Die Motoren dröhnen nur noch ganz schwach. Auch Kates Vater spricht Deutsch. Er erklärt den Kindern das Schiff und zeigt ihnen die Tanks, die mit Flüssiggas gefüllt sind. „Deshalb“, erklärt er stolz, „ist der Qualm aus dem Schornstein längst nicht mehr so schmutzig wie früher.“

Als Greta und die anderen Kinder wieder zurückgehen, stolpert Greta beinahe über ihre Schnürsenkel. Sie bückt sich, um eine neue Schleife zu binden. Und dabei sieht sie unter einem Kessel ein Augenpaar. Greta kriecht näher an den Kessel heran. Die Augen gehören einem kleinen Hund.

„Hey, wartet mal“, ruft sie den anderen hinterher. Aber die hören sie nicht, so laut stampfen die Motoren. Greta bückt sich wieder und kriecht bis ganz dicht an den Hund heran. Ohne sich zu rühren, starrt das Tier sie aus ängstlichen Augen an. Greta streckt eine Hand aus und greift in das Fell. Der Hund ist warm und zittert unter ihrem Griff. Greta zieht ihn zu sich und nimmt ihn auf den Arm. Sie spürt, dass sein Herz ganz schnell schlägt. Sie erkennt den Hund. Es ist der Dackel des amerikanischen

Ehepaares. Mit dem Hund im Arm läuft sie den anderen hinterher. Die warten an der Drehtür.
„Wir dachten schon, du bist in den Tank gefallen", ruft Frederik Greta entgegen. Aber die hat keine Lust, sich mit Frederik zu streiten. Sie zeigt den anderen den Hund. „Er saß unter einem Kessel. Schaut mal, er zittert vor Angst."
„Vielleicht ist er durch den Lüftungsschacht gefallen", meint Kates Vater. „Gut, dass du ihn gefunden hast, Greta. Bringt ihn an die frische Luft." Dann schließt er die Tür hinter den Kindern wieder zu, und der Lärm wird leiser.
„Was machen wir jetzt bloß mit dem Hund?", fragt Kate.
„Wir bringen ihn zurück", sagt Greta.
„Zurück? Etwa unter den Kessel in den Maschinenraum?", fragt Frederik.
„Quatsch. Zu den Leuten, denen er gehört", antwortet Greta.
„Aber wir wissen doch gar nicht, wem er gehört", gibt Justus zu bedenken.
„Doch. Ich glaube, ich weiß es. Er gehört einem alten amerikanischen Ehepaar", antwortet Greta.
„Du weißt wohl immer alles", stichelt Frederik.
Greta blickt ihn scharf an. Langsam fängt Frederik an, ihr auf die Nerven zu gehen. Und deshalb sagt sie: „Schau dir den Hund doch einmal genau an. Der sieht aus wie ein amerikanischer Hund. Das erkennt doch jeder."
Frederik starrt sie überrascht an. Dann betrachtet er den Hund.

Der Hund sieht aus wie jeder Dackel. Nichts an ihm ist amerikanisch.
„Du glaubst mir nicht? Dann komm mit, ich beweise es dir!"
Greta führt die Kinder in die große Halle zum Informationstisch und sagt zur Stewardess hinter dem Schalter: „Hallo. Wir suchen das amerikanische Ehepaar, das seinen Dackel verloren hat."
Die Stewardess sieht den Hund auf Gretas Arm und sagt: „Oh, der Hund von Mr. und Mrs. Jones. Sie sind ganz verzweifelt und haben schon zweimal nach dem Hund gefragt. Sie wohnen in Kabine Nr. 455."
Greta grinst Frederik triumphierend an. Der kratzt sich am Kopf und trottet hinter Greta her. Kabine 455 liegt im orangefarbenen Gang. Greta klopft an die Kabinentür. Als diese sich öffnet, springt der Hund in die Kabine und zu seinem Frauchen. Mrs. Jones ist ganz aufgeregt und drückt Greta unter Tränen einen Geldschein in die Hand: „Thank you, thank you", bedankt sie sich auf Amerikanisch. Dann fällt die Tür hinter ihr zu.
„Woher hast du gewusst, dass das ein amerikanischer Hund ist?", will Frederik wissen. „Einem Hund kann man doch nicht ansehen, aus welchem Land er kommt. Das ist gelogen!"
Aber Greta lässt sich diesmal nicht ärgern. Sie zuckt mit den Schultern. „Okay, es war gelogen. In Wahrheit kann ich die Hundesprache sprechen. Und der Hund hat mir das alles selbst gesagt. Aber das hättest du mir ja erst recht nicht geglaubt."

Die grauen Wale

Am Abend geht Greta mit ihrer Mutter in die Bar. Normalerweise muss Greta um diese Zeit schon im Bett sein. Aber auf der Königin Josephine ist alles anders. In der Bar sitzt Greta neben ihrer Mutter an einem kleinen Tisch und trinkt eine Limonade. Viele andere Leute sind noch im Raum, aber keine Kinder mehr. Eine große, silberne Kugel an der Decke schickt glänzende Lichter durch den Raum, und auf der Bühne sitzt ein Mann und spielt Gitarre. Gretas Mutter hört der Musik zu.

„Der kann was“, sagt sie zwischen zwei Liedern zu Greta. Und Gretas Mutter muss wissen, ob jemand gut Gitarre spielt oder nicht. Denn sie ist selbst Sängerin in einer Band.

Am nächsten Tag schläft Greta lange. Ihre Mutter weckt sie schließlich. „Greta, ich habe einen Bärenhunger. Lass uns frühstücken!“

„Ich schlafe noch“, sagt Greta, ohne die Augen aufzumachen.

„Greta, ich kann nicht länger auf dich warten“, fängt ihre Mutter

wieder an. „Ich habe mich gestern noch mit dem Gitarrenspieler zum Frühstück verabredet. Er heißt Torben. Und jetzt wartet er bestimmt schon.“

Aber Greta dreht sich nur auf die andere Seite und schläft weiter.

Nachdem Greta endlich aufgestanden ist, trifft sie auf dem Weg zum Frühstückssalon Frederik.

„Hey, Greta, wo willst du hin?“, fragt er sie.

„Frühstücken“, sagt Greta.

Frederik lacht sie aus. „Typisch Landratte. Schläft bis in die Puppen. Den Weg kannst du dir jetzt sparen. Der Salon hat schon geschlossen. Ich weiß was Besseres! Komm mit.“ Und Frederik führt Greta unter Deck durch die Kombüse in die Bäckerei, wo sein Vater gerade Blumen aus Schlagsahne auf eine Torte spritzt. Frederiks Vater schenkt ihnen eine große Tüte mit Brötchen und dazu noch vier Schokoladen-Croissants.

„Dein Vater ist wirklich nett“, sagt Greta zu Frederik, als sie wieder auf dem Deck sind.
„Und spendabel. Jetzt kann jeder von uns zwei Croissants essen“, meint Frederik und will schon in die Tüte greifen.
„Quatsch, die sind doch auch für Kate und Justus“, widerspricht Greta und zieht die Tüte weg.
Mit Kate und Justus hat sich Greta um zwölf auf dem Achterdeck verabredet. Es ist jetzt zehn vor zwölf. Und ein paar Minuten später sitzen alle vier im Windschatten eines Segels und essen die Croissants. Gretas Blick schweift über das Meer. Jetzt, auf dem offenen Atlantik, gehen die Wellen höher. So weit das Auge reicht, sieht man, wie sich kleine Wasserberge auftürmen und wieder abrollen.
„Es sieht aus, als würde das Meer leben. Es macht sich krumm und wieder glatt und wieder krumm“, sagt Greta.
„Wie ein Wal“, sagt Kate.
„Nein, nicht wie ein Wal, sondern wie ganz viele Wale nebeneinander“, meint Greta.
„Hast du überhaupt schon mal einen Wal gesehen?“ fragt Frederik Greta.
Im ersten Moment denkt Greta, Frederik will sie schon wieder ärgern. Sie überlegt, ob sie ihm sagen soll, dass sie als Kapitänstochter schon alle Weltmeere bereist hat. Aber dann sieht sie, dass sie ihre roten Glücksturnschuhe nicht anhat. Dann wird ihre Geschichte bestimmt nicht wahr. Deshalb antwortet sie

Frederik lieber ehrlich: „Nein. Ich hab noch nie einen Wal gesehen. Kann man das denn so einfach?"
„Klar, aber einfach ist es nicht gerade. Man braucht dazu ein Fernglas."
„Der Kapitän hat ein Fernglas", weiß Greta, denn er hat sie schon einmal hindurchblicken lassen.
„Das leiht er uns bestimmt nicht, er braucht es doch selber", sagt Justus.
Greta denkt nach. Sie geht auf dem Deck auf und ab und starrt auf den Fußboden. Dabei blickt sie auf ihre braunen Zehen, die aus ihren Sandalen hervorlugen.
„Ich komme gleich wieder", ruft sie ihren Freunden zu und rennt in ihre Kabine. Unter ihrem Bett holt sie ihre Turnschuhe hervor. Während sie sich die anzieht, fällt ihr Blick auf den kleinen Nachttisch, der neben ihrem Bett steht. Auf dem Tisch liegt ein Briefumschlag. Greta starrt ihn an. Und plötzlich kommt ihr eine Idee. Schnell bindet sie sich die Schuhe zu, schnappt sich den Umschlag und rennt zu ihren Freunden zurück.
„Wir *kaufen* uns ein Fernglas", japst Greta atemlos.
„Und von welchem Geld, bitte schön?", will Frederik wissen.
„Von dem Geld, das uns die Amerikaner gegeben haben, als wir ihren Hund aus dem Maschinenraum gerettet haben", sagt Greta lachend und zieht den Umschlag hervor.
„Ferngläser gibt es unter Deck. Ich kenne die Verkäuferin", sagt Kate.

Kate und Greta gehen unter Deck zu dem Laden, während die Jungs oben warten. Und tatsächlich reicht das Geld genau für ein kleines Fernglas. Wieder zurück auf dem Achterdeck setzen sich Kate und Greta neben Frederik und Justus, und das Fernglas wandert von Hand zu Hand.

„Wie sehen eigentlich Wale aus?“, fragt Greta Frederik.

„Wie riesengroße Seehunde“, sagt der.

„Und welche Farbe haben sie?“, will Kate weiter wissen.

„Alle möglichen. Es gibt blaue und graue und weiße und schwarz-weiße. Lass mich mal durchschauen.“ Justus gibt Frederik das Fernglas. Der kneift die Augen zusammen und sucht mit dem Fernglas das Meer ab. Das dauert eine ganze Weile.

„Na, siehst du was?“, fragt Greta schließlich.

„Ja", sagt Frederik, und Greta wird ganz aufgeregt.
„Was siehst du denn?", fragt sie.
„Deine Mutter und Torben. Sie spielen Gitarre. Direkt unter uns." Greta wird böse. Statt Wale zu suchen, hat Frederik sich die ganze Zeit nur die Leute auf dem Schiff angeschaut. Und als er ihr das Fernglas wiedergibt, sagt er, um sie zu ärgern: „Es gibt hier keine Wale. Wenn es welche gäbe, hätte ich sie gefunden. Lasst uns lieber zum Swimmingpool gehen und baden." Justus geht tatsächlich mit Frederik zum Pool.
Aber Kate bleibt bei Greta. Und gemeinsam suchen sie das Meer ab. Es wird immer heißer. Greta hat in ihren Turnschuhen ganz warme Füße. Sie gibt Kate das Fernglas und bückt sich zu ihren Schuhen, um sie auszuziehen. Dabei fällt ihr Blick auf eine Stelle

im Meer, die nicht blau ist wie das Wasser ringsumher, sondern grau.
„Da! Ist das ein Wal?“, flüstert sie, und Kate reicht Greta das Fernglas. Greta verfolgt den weißen Wasserstreifen der Kiellinie, die die Königin Josephine ins Meer gepflügt hat, bis ans Ende. Und dort, wo das Meer wieder ganz schwarz ist, ragt ein grauer Buckel aus ihm hervor. Plötzlich spritzt der Wal eine Fontäne Wasser in die Luft. Schnell gibt Greta Kate das Fernglas wieder zurück. Und auch die hat den Wal bald gefunden.
„Der ist ja riesig!“, ruft sie.
Immer größer wird der Wal. Sein Rücken wächst aus dem Wasser. Da taucht neben ihm noch ein zweiter Wal auf. Ihre großen Schwanzflossen stehen für einen Moment wie zwei Masten über dem Wasserspiegel. Kate gibt das Fernglas gleich an Greta, und als die durchschaut, sieht sie beide Wale wieder abtauchen. Das Meer schließt sich über den Walen und liegt wieder still und groß in der Sonne. Greta sieht Kate an. Kate lächelt. Aber sagen kann in diesem Moment keine von beiden etwas.

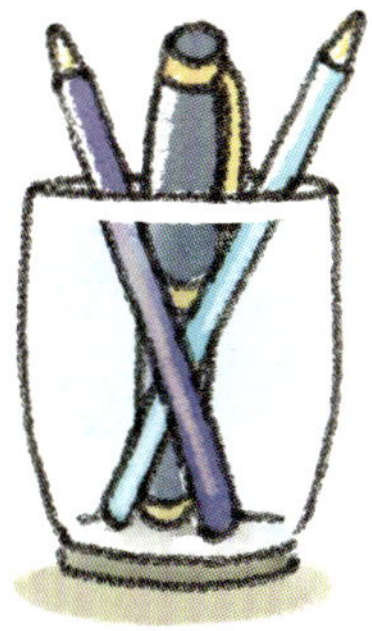

Die grünen Diamanten

Der Swimmingpool auf der Königin Josephine ist der witzigste Treffpunkt, den es geben kann. Auf dem Schiff kann man seine Füße in das Wasser im Pool halten und ist gleichzeitig vom Meer umgeben. Man kann sozusagen auf dem Wasser im Wasser sein.

Greta stellt sich manchmal vor, dass der Swimmingpool ein Fenster im Schiff ist und sie durch sein Wasser hindurch direkt ins Meer sehen kann. Und wenn sie mit ihren Freunden im Becken schwimmt und taucht, spielen sie, dass der Beckenboden der Meeresgrund ist.

An diesem Morgen allerdings sind Gretas Freunde nicht zum Pool gekommen wie all die letzten Tage. Denn für die Kinder an Bord hat die Schule wieder angefangen. „So viele Kinder gibt es doch gar nicht auf dem Schiff, dass man eine ganze Schule aufmachen kann“, hat Greta gesagt, als ihr Frederik von der Schule an Bord erzählt hat.

„Es ist eben eine kleine Schule. Sie besteht nur aus einer einzigen Klasse, und es gibt auch nur eine einzige Lehrerin. Sie heißt Frau Brehm."

„Toll", fand Greta. „Eine schwimmende Schule."

„Was soll daran toll sein? Man muss jeden Tag früh aufstehen, nachmittags Hausaufgaben machen und am nächsten Tag wieder früh aufstehen. Und zum Spielen hat man gar keine Zeit mehr."

„Aber bei so einer tollen Schule kann man doch spielen, dass das Klassenzimmer ein Piratenschiff ist. Dann spielt man während der Schulzeit!", schlägt Greta vor.

„Und wie soll das gehen?", will Frederik wissen.

„Man erzählt sich Abenteuergeschichten von Seeräubern", antwortet Greta.

Aber Frederik winkt ab. „Du vergisst, dass wir auch eine Lehrerin haben. Die macht da nicht mit, sondern will uns Rechnen,

Schreiben und Lesen beibringen. Reden wir lieber nicht mehr von der Schule …"

Weil ihre Freunde nun keine Zeit mehr zum Spielen haben, geht Greta mit ihrer Mutter zum Swimmingpool. Während ihre Mutter sich auf einer Liege sonnt, taucht Greta alleine auf dem Grund des Schwimmbeckens und spielt, dass sie ein altes Schiffswrack findet, mit dem ein Piratenschatz versunken ist. Nach dem dritten Tauchgang hat sie die Kiste mit Gold und Silber und grünen Edelsteinen an den Beckenrand geschafft.

Nun liegt Greta in der Sonne neben ihrer Mutter und blinzelt in den Himmel. Aber lange hält sie es auf der Liege nicht aus. Greta denkt an ihre Freunde in der Schule. „Ich wünschte mir, ich könnte mit den anderen was zusammen machen", sagt sie zu ihrer Mutter. „Jetzt muss ich noch bis zum Nachmittag warten, bis ich ihnen meine grünen Diamanten zeigen kann."

Aber in dem Moment, in dem sie das denkt, fällt ihr ein, dass ihre Freunde auch am Nachmittag keine Zeit zum Spielen haben werden, weil sie Hausaufgaben machen müssen.

Greta kriegt richtig schlechte Laune. Ihre Mutter blinzelt sie schläfrig über ihre Sonnenbrille hinweg an. „Geh doch einfach zur Schule und frage, ob du mitmachen kannst."

Eine Weile überlegt Greta. Die Schule ist vielleicht auch langweilig, aber dann langweilt sie sich wenigstens nicht mehr alleine. Sie steht auf, zieht sich ihre Sachen über den trocknen Badeanzug und schlüpft in ihre roten Turnschuhe.

Ein paar Minuten später steht Greta vor der Tür zum Klassenzimmer. Es wird schon klappen, denkt sie. Immerhin habe ich meine roten Turnschuhe an. Und mit denen habe ich immer Glück. Dann klopft sie. Eine Frauenstimme ruft „Herein“, und Greta öffnet die Tür. Vor ihr steht Frau Brehm.
„Guten Tag. Ich bin Greta, und ich wollte fragen, ob ich vielleicht mit in die Schule gehen kann.“
Hinter Frau Brehm erkennt Greta Frederik, der ihr einen Vogel zeigt, weil sie freiwillig in die Schule gekommen ist. Er sitzt an einem Tisch mit Justus. Am Nebentisch sitzt Kate. Aber es sind noch mehr Kinder in der Klasse. Ein paar von ihnen hat Greta schon mal gesehen. Vor Justus, Kate und Frederik sitzen noch drei jüngere Kinder und hinter ihnen zwei Jungen und zwei Mädchen, die älter sind.
„Herzlich willkommen“, begrüßt Frau Brehm Greta und möchte dann gleich von ihr wissen: „Wie alt bist du denn?“
„Sieben. Aber in drei Wochen werde ich acht.“
„Aha, dann kommst du schon in die dritte Klasse“, sagt Frau Brehm. Greta nickt.
„Die dritte Klasse sitzt bei uns in der dritten Reihe“, erklärt Frau Brehm. „Die beiden Reihen davor sind die erste und zweite Klasse. Hier, neben Kate ist noch ein Platz frei.“
Greta freut sich, dass sie neben ihrer Freundin sitzen darf.
Sie blickt sich um. So eine Schule hat Greta noch nie gesehen: Das Schulzimmer liegt an einer Außenwand des Schiffs. Anstelle

von Fenstern hat es Bullaugen, so wie die Kabine von Greta und ihrer Mutter auch. Und auch hier sieht man hinter den Bullaugen das Meer. Vorne hängt eine Tafel. Die Tische sind am Boden festgeschraubt, und in die Tischplatten sind Löcher gebohrt, in die die Schüler ihre Stifte stecken, weil sie sonst vom Tisch rollen, wenn die Königin Josephine von den Wellen geschaukelt wird. Der ganze Raum ist nicht viel größer als die Kabine von Greta und ihrer Mutter.

„Das ist ja eine richtige Minischule", flüstert Greta Kate zu.

Aber Frau Brehm hört, was Greta sagt, und erwidert: „Na ja, einerseits ist es wirklich eine ziemlich kleine Schule. Da hast du recht. Aber andererseits ist es auch eine richtig große Schule. Wir haben Schüler, die aus der ganzen Welt kommen. Kate kommt aus England. Und John", Frau Brehm zeigt auf einen der älteren Jungen, „kommt aus Amerika. Und Ted, neben ihm, der kommt sogar aus Australien. Und wenn du dann noch bedenkst, dass unsere Schule immer unterwegs und immer woanders ist, dann ist es eigentlich egal, dass sie etwas kleiner ist als andere Schulen."

„Aber wenn alle Schüler aus verschiedenen Ländern kommen und verschiedene Sprachen sprechen, wie kann man sich denn da verstehen?", will Greta wissen.

„Das ist gar nicht so schwierig, wir lernen die Sprachen voneinander", antwortet Frau Brehm. „Und außerdem lernen wir, was in den verschiedenen Ländern und Häfen, die die Königin Josephine anläuft, besonders ist. Ihre Geschichte, ihre Landschaft, was die Leute dort essen, wie sie sich anziehen."

„Und welches Land ist jetzt dran?", will Greta wissen.

„Gar keines! Weil wir jetzt auf dem Meer sind!", ruft Frederik.

„Aber unter dem Meer gibt es doch auch Land", gibt Greta zurück.

„Aber keine Leute, die essen und sich anziehen", sagt Frederik.

Greta denkt an ihr Spiel am Morgen im Swimmingpool. „Es gibt aber versunkene Länder und Städte. Und es gibt Piratenschiffe, die Schätze an Bord haben."

Frau Brehm mischt sich ein: „Greta hat recht. Wir sehen nur das Wasser, über das wir fahren. Aber unter uns, auf dem Meeresgrund, liegen mit den Wracks die Geschichten der Schiffe, die leckgeschlagen und gesunken sind. Und die spannendsten Geschichten sind die der Piratenschiffe. Wer kennt eine Piratengeschichte?"

John aus Amerika meldet sich. Greta blickt sich triumphierend zu Frederik um. Und Frederik, der nickt Greta zu und lächelt dabei.

Die weiße Möwe

Je weiter die Königin Josephine nach Süden fährt, desto heißer brennt die Sonne. Am Swimmingpool kann man es schon nicht mehr aushalten, so warm ist es dort. Greta sitzt im Schatten auf dem Achterdeck und beobachtet eine weiße Möwe, als Frederik auftaucht.

„Warum guckst du so traurig?“, will Frederik wissen.

„Morgen ist mein letzter Tag an Bord“, antwortet Greta und erwartet, dass Frederik, der sie immer ärgert, sagt: „Gut, dass wir dich dann endlich los sind.“

Aber Frederik sagt zunächst lange nichts. Greta sieht, dass auch er die Möwe beobachtet. Und dann blickt er sie an und sagt: „Schade, dass du nicht immer hierbleiben kannst. Du gehörst auf ein Schiff!“

Das ist das Netteste, was Frederik je zu ihr gesagt hat. Greta freut sich sehr. „Ich würde auch gerne bei euch bleiben.“

„Frag doch deinen Vater“, sagt Frederik.

Greta versteht nicht, was Frederik meint. „Was hat denn mein Vater damit zu tun?“
„Na, dein Vater ist doch Kapitän. Der kann doch mal mit dem Kapitän der Königin Josephine reden, ob du nicht hierbleiben kannst.“

Jetzt versteht Greta. „Frederik, mein Vater ist kein Kapitän", sagt sie leise.
Er schaut sie überrascht an, und weil Greta Angst hat, dass er jetzt böse auf sie wird, erklärt sie: „Also, vielleicht ist er auch Kapitän. Das Problem ist nur, dass ich ihn gar nicht kenne. Es war also keine richtige Lüge. Nur eben auch nicht ganz die Wahrheit."
Frederik kratzt sich am Kopf. Er denkt über etwas nach. Die Möwe fliegt auf und zieht einen Kreis über Frederik und Greta. Bestimmt fragt er mich jetzt, wieso mein Vater nicht da ist, denkt Greta, denn das fragen alle, die erfahren, dass Greta mit ihrer Mutter alleine lebt.
Aber Frederik sagt nach einer Weile: „Mir ist gleich aufgefallen, dass du manchmal nicht ganz die Wahrheit sagst. Aber irgendwie ist immer alles so gekommen, wie du es gesagt hast."
Greta nickt. „Ja, weil ich Glück hatte."

Frederik schaut der Möwe hinterher, die dahin fliegt, wo das Land liegen muss. Auf dem Deck unter ihnen geht Torben vorbei. Greta folgt ihm mit den Augen. Er verschwindet im Salon.
„Wenn du so viel Glück hast, kannst du mir vielleicht ein bisschen abgeben. Wir schreiben

übermorgen eine Rechenarbeit. Da könnte ich gut etwas Glück gebrauchen."

„Übermorgen bin ich nicht mehr an Bord. Aber …" Greta zögert. Sie weiß nicht, ob sie Frederik ihr Geheimnis verraten soll. Doch dann sagt sie: „Es gibt einen Grund, warum ich so viel Glück habe. Du glaubst es mir bestimmt nicht, wenn ich dir das verrate. Es liegt an meinen roten Turnschuhen. Das sind meine Glücksschuhe. Wenn ich die anhabe, passiert alles so, wie ich es mir wünsche. Glaubst du mir das?"

Frederik überlegt eine Weile. Und dann sagt er: „Ich fahre zur See. Und viele Seefahrer haben Glücksbringer. Warum sollten ausgerechnet rote Turnschuhe keine Glücksbringer sein? Außerdem zeigt das noch mehr, dass auch du eine Seefahrerin bist und an Bord gehörst."

In dem Moment taucht Gretas Mutter auf dem Achterdeck auf. „Hallo, Greta", ruft sie, „ich habe mit Torben ein paar Lieder geübt. Heute, an unserem letzten Abend, trete ich mit ihm zusammen auf. Wenn du Lust hast, kommst du abends auch in die Bar, du kannst so lange wach bleiben, wie du willst."

Frederick steht auf, er muss für die Rechenarbeit lernen, und Greta geht in ihre Kabine, um zu schlafen, damit sie am Abend lange wach bleiben kann.

In der Kabine stehen ihre Turnschuhe vor dem Bett. Da kommt Greta plötzlich eine Idee. Sie nimmt einen nassen Lappen und wischt die Schuhe damit ab. Sie braucht jetzt sehr viel Glück.

Danach strahlen die Schuhe wieder erdbeerrot. Dann erst kann Greta sich schlafen legen. Als sie aufwacht, ist es draußen schon dunkel.
Sie steht auf, zieht ihre roten Turnschuhe an und macht sich auf den Weg in die Bar. Der Raum ist voller Menschen. Sogar der Kapitän ist unter den Zuhörern. Dann geht das Licht aus. Und als das Licht wieder angeht, stehen Gretas Mutter und Torben auf der Bühne. Von der Kugel an der Decke glitzern Lichter durch den Raum. Gretas Mutter fängt an zu singen. Greta lauscht ihr. Und als die Zuhörer nach dem letzten Lied laut klatschen, ruft Greta „Zugabe, Zugabe“. Und Torben und ihre Mutter spielen noch ein Lied.
Nach ihrem Auftritt kommen Gretas Mutter und Torben zu Greta an den Tisch.
Torben bestellt etwas zu trinken, und ihre Mutter lacht und ist glücklich. Aber Greta hat keinen Durst. Sie kann auch nicht lachen. Die ganze Zeit wartet sie nur darauf, dass endlich der Kapitän kommt und ihre Mutter fragt, ob sie nicht für immer auf dem Schiff bleiben und als Sängerin arbeiten will. Aber der Kapitän kommt nicht.
Greta weiß nicht mehr, wie sie ins Bett gekommen ist. Aber als sie am nächsten Morgen aufwacht, sieht man durch das Bullauge schon das Land. Ihre Mutter ist wach und packt den großen Rucksack. Greta sieht ihr eine Weile zu und ist traurig. Sie denkt an ihre Schuhe, die ihr immer Glück gebracht haben, bis auf

gestern. Dann beginnt auch Greta, ihren kleinen Rucksack zu packen. Erst als ihre Mutter fragt, warum sie so traurig ist, erzählt Greta, wie gerne sie an Bord bleiben würde. Und sie erzählt von den roten Turnschuhen, die ihr immer Glück gebracht haben – nur gestern nicht.

Ihre Mutter hört ihr zu und sagt dann: „Es ist gut, Schuhe zu haben, die einem Glück bringen. Aber eigentlich glaube ich, dass du selber ein großer Glückspilz bist. Du hast doch den Wettbewerb gewonnen, der uns auf das Schiff gebracht hat. Und du hast doch den Hund gefunden, die Idee gehabt, ein Fernglas zu kaufen, die Geduld, auf die Wale zu warten, und den Einfall, Piratengeschichten zu erzählen. Mal sehen, was du noch alles erlebst, wenn du erst wieder an Land bist!"

Greta weiß nicht, ob ihre Mutter recht hat oder nicht, aber sie ist nicht mehr ganz so traurig.

Kurz darauf beobachtet sie mit Frederik, Justus und Kate von Deck aus, wie das Schiff anlegt. Die Schiffsschrauben schlagen das Wasser weiß.

Dann fliegen die Tampen an Land. Und der Streifen Wasser zwischen Bordwand und Kaimauer wird immer schmaler. Die Brücke wird an Land gelassen. Greta zieht aus ihrem Rucksack eine Plastiktüte, die sie Frederik gibt.

„Ein Abschiedsgeschenk. Du kannst es jetzt besser brauchen als ich", sagt sie und geht zu ihrer Mutter, die bei Torben an der Reling steht. Sie gehen von Bord. An Land dreht Greta sich um.

An Deck stehen Frederik, Kate und Justus, und auch Frau Brehm, Torben und sogar der Kapitän, und winken. „Auf Wiedersehen!“, brüllt Frederik, und eine weiße Möwe, die auf der Reling sitzt, fliegt auf. Frederik schwenkt etwas Rotes in der Hand. Es sind Gretas Turnschuhe. Greta winkt zurück und blickt der weißen Möwe nach, die hinter dem Fährterminal verschwindet.

Könige der Welten

Der Ritterschlag

Die Schulglocke klingelt. Das heißt, eigentlich *klingelt* sie nicht. Jedenfalls nicht so, wie ein Wecker klingelt. Sie *läutet* eher wie eine echte Glocke.

Wie eine Kirchenglocke im Mittelalter, denkt Fritz. Ding-Dang-Dong. Aber das „Dong" hört Fritz schon nicht mehr. Er schnappt sich seinen Ranzen, wischt Stifte, Brotdose, Hefte und Bücher hinein und rennt zum Fahrrad-Unterstand.

Tim, der neben ihm sitzt, hat ihm noch nachgerufen: „Hey, kommst du zum Fußballtraining?"

Aber Fritz hat ihm nicht geantwortet. Er ist einfach losgerannt. Ein bisschen hat er auch so getan, als hätte er Tim nicht gehört. Er hatte keine Lust, ihm zu antworten. Sie hätten sich nur wieder gestritten. Denn Fritz will heute nicht zum Fußballtraining. Er hat Besseres vor. Zu Hause wartet ein neues Spiel auf ihn. Ein Computerspiel. Aber wenn er Tim das gesagt hätte, dann hätte der nur geantwortet, dass doch das Training wichtiger sei. Und dass Fritz, wenn er nie zum Training komme, auch bald nicht mehr bei den Punktspielen mitspielen dürfe. Aber das wäre Fritz nur recht. Dann könnte er auch sonntags zu Hause bleiben und Computer spielen.

Es sind seine Eltern, die nicht wollen, dass er mit dem Fußballtraining aufhört. Sie wollen nicht, dass er noch mehr Computer spielt. Das weiß Fritz. Aber in der Woche arbeiten seine Eltern.

Seine Mutter kommt erst nachmittags nach Hause. Und deshalb kann er auch heute in ein neues Computer-Abenteuer aufbrechen.
Das neue Spiel heißt „Könige der Welten". Es ist ein Ritterspiel. Wenn man es spielt, wird man zu einem blauen Krieger. Das heißt, erst wird man zu einem Bauern und muss auf dem Feld arbeiten, um sich eine Rüstung zu kaufen, dann muss man trainieren und sich zum Ritter ausbilden lassen, dann kann man sich am Königshof bewerben, um mit auf Kreuzzug zu gehen.
Fritz hätte gern in dieser Ritterzeit gelebt. Er hätte gern reiten gelernt und mit einem Schwert gekämpft. Zur Schule zu gehen, danach eine Stunde allein zu Hause zu hocken, jeden Montag das gleiche blöde Fußballtraining, das ist langweilig. Jedenfalls ist es langweilig im Vergleich mit dem Ritterspiel, wo es Gefahren gibt und große, lebensgefährliche Aufgaben statt Hausaufgaben.
So sieht Fritz das. Fritz, der in Wirklichkeit Friedrich heißt. Das ist ein ganz alter Name, ein Kaisername, sagt sein Vater. Fritz selbst ist erst sieben Jahre alt. Nach den Sommerferien ist er in die Schule gekommen. Lesen konnte er schon vorher ganz gut. Wenn man Computer spielt, muss man viel lesen. „Start" und „Ausführen", „Spiel wird geladen", „Menü" und lauter solche Worte. Sogar Englisch kann Fritz lesen. Er weiß nur nicht genau, wie es ausgesprochen wird.

Fritz springt vom Fahrrad und schiebt es über die Straße. Das Haus ist abgeschlossen. Er holt seinen Schlüssel aus der Hosentasche, sperrt die Tür auf und ruft: „Hallo?"
Aber er weiß, dass niemand antworten wird. Seine kleine Schwester Julia ist noch im Kindergarten. Seine Mutter holt sie erst nach der Arbeit ab. Dann bringt sie meistens Brötchen mit, und er und seine Schwester essen so eine Art „spätes Frühstück". Etwas Gekochtes gibt es erst, wenn auch sein Vater nach Hause kommt. Das ist gegen sechs Uhr.
Bis zur Einschulung ist Fritz in den gleichen Kindergarten wie Julia gegangen. Und auch jetzt könnte er länger in der Schule bleiben. Aber es macht Fritz nichts aus, eine Stunde allein zu Hause zu sein. Denn allein fühlt er sich gar nicht. In seinen Computerspielen hat er richtig gute Freunde. Nur, dass die eben keine echten Menschen sind.
Und der blaue Ritter ist auch nicht nur eine Figur. Für Fritz ist der blaue Ritter fast so etwas wie Fritz selbst. So etwas wie sein anderes Ich. Wenn Fritz Computer spielt, dann wird er zu einer Figur in dem Spiel. Und das Spiel wird zu einem eigenen zweiten Leben, einem Leben in einer anderen Wirklichkeit, einer Ritterwirklichkeit.
Fritz wirft seinen Ranzen in die Garderobe und läuft in sein Zimmer. Er macht den Computer an, und das Spiel beginnt zu laden. Fritz reibt sich die Hände. Es sieht fast aus, als ob er nervös ist. Aber tatsächlich reibt sich der blaue Ritter genau so

die Hände, bevor er sein Schwert zieht. Es ist nicht Nervosität, es ist Entschlossenheit. Es ist Vorfreude.
Auf dem Bildschirm erscheint jetzt ein Wald. Aus dem Wald tritt ein junger Mann, fast noch ein Junge. Er trägt einen blauen Umhang über einem groben Rock. Er sieht sich um, dann

beginnt er, über das Feld zu laufen. Fritz kann seine Richtung bestimmen. Mit den Pfeiltasten auf dem Controller führt er ihn zu einer Burg. Finster ragt sie vor einem Fichtenwald auf. Fritz umrundet sie. Fenster gibt es nur in den oberen Stockwerken. Auf der Burg stehen Wachen. Die Burg sieht bedrohlich aus, fast wie ein Gefängnis. Fritz hat das Gefühl, dass er, wenn er in diese Burg eintritt, nicht so schnell wieder aus ihr herauskommen wird. Er klopft an das Burgtor.

Eine Tür fällt ins Schloss.

„Hallo!", ruft eine Mädchenstimme.

Fritz braucht eine Weile, bis er versteht, wer das ist. So sehr ist er

zu dem blauen Ritter geworden. Seine Schwester Julia ist gekommen.

„Fritz, bist du da?“, ruft sie.

„Nein!“, ruft Fritz aus seinem Zimmer zurück.

„Friedrich, komm doch mal …“ Das ist die Stimme seiner Mutter. „Gleich!“, ruft Fritz zurück. Aber er kann nicht. Er kann jetzt nicht weg.

Schnell schlüpft Fritz durch einen Spalt im Burgtor. Dann stellt er sich beim König vor. Der gibt ihm eine Rüstung. Fritz betritt einen Turnierhof, um den herum viele blaue Fahnen wehen, auf denen ein schwarzer Löwe abgebildet ist, der zum Sprung ansetzt.
„Willst du nicht zum Fußball?“, fragt seine Mutter.
Fritz schrickt auf. Er hat gar nicht gehört, dass sie in sein Zimmer gekommen ist. Sie steht neben ihm. Unter ihrem Arm lugt Julia hervor. Sie kaut an einem Brötchen.
„Ich hab ein Reitturnier. Ich kann heute nicht …“, sagt Fritz.
Und tatsächlich. Schon prescht ein Ritter in voller Montur mit Lanze und Schild auf Fritz zu. Schnell springt er auf sein Pferd. Gerade noch kann er ausweichen.
„Immer nur Computer, Computer, Computer!“, mault Julia.
„Draußen ist so schönes Wetter“, sagt die Mutter.
„Ja“, sagt Fritz, ohne aufzugucken.
„Hast du deine Hausaufgaben gemacht?“, fragt die Mutter.
„Wir haben nur ganz wenig auf. Das schaffe ich nachher“, gibt Fritz zurück. Er weiß, dass seine Mutter enttäuscht ist, dass er nicht beim Fußball ist. Und er weiß, dass sie sich gefreut hätte, wenn er sie begrüßt hätte. Aber wenn er nach Hause kommt, dann begrüßt ihn auch niemand. Und wenn er zu einem Ritter werden kann, warum soll er dann zum Fußball? Seine Mutter und seine Schwester sehen nicht, wie Fritz auf seinem Pferd eine Drehung um sich selbst macht und den anderen Ritter vom

Pferd schlägt. Dafür sehen es die Frauen im Burghof. Und der König. Fritz kniet vor dem König nieder. Der König berührt seine Schulter dreimal mit dem Schwert. Fritz erhebt sich als Ritter. Er hat es geschafft. Der König nimmt ihn mit auf den Kreuzzug. Das Abenteuer kann beginnen.

Der fremde Junge

Am nächsten Tag nach der Schule verschwindet Fritz wieder direkt in seinem Zimmer und startet den Computer. Der hat die letzte Einstellung gespeichert, und das Spiel geht da weiter, wo er gestern aufgehört hat.
Die lange Reihe der Ritter reitet über ein weites, leeres Land.
Ein paar Bauern winken ihnen zu, andere laufen weg.
Es ist heiß. Die Ritter tragen Rüstungen, Helme und Schilde.
Im Eisenpanzer schwitzt man. Fritz steht auf und öffnet das Fenster.
Auf der Straße fährt ein Eiswagen vorbei. Er klingelt und hält an der nächsten Ecke. Fritz würde auch gern ein Eis essen, aber dann müsste er sein Spiel unterbrechen. Und Ritter kannten ja auch noch kein Eis.
Vor den Rittern im Spiel taucht jetzt ein Fluss auf. Er ist breit und braun und wälzt sich mit einer mächtigen Strömung dahin.
Trotzdem freut sich Fritz, als er ihn sieht. Endlich Wasser!

Endlich Abkühlung! Er reitet eine Weile am Fluss entlang, dann sieht er eine Furt, an der man ihn überqueren kann. Er reitet in den Fluss hinein. Das Wasser spritzt an den Beinen des Pferdes hoch, dann wird es tiefer. Das Wasser spritzt höher. Das Pferd strauchelt – und plötzlich ist der Bildschirm schwarz.
Fritz versteht im ersten Moment nicht, was geschehen ist. Ist er vom Pferd gefallen? Ist er unter Wasser? Er klickt mit allen Tasten, die der Controller hat. Irgendwie muss er doch wieder auftauchen und an die Oberfläche kommen. Aber der Bild-

schirm bleibt schwarz. Er zeigt nur das Spiegelbild der Sonne im offenen Fenster, durch das man die Glocke des Eismannes hört.
Der Computer ist abgestürzt. Das Spiel ist unterbrochen.
„Oh nein! Ich muss von vorn anfangen!“, ruft Fritz und macht den Computer wieder an. Doch kein Bild erscheint. „So ein Mist! Was ist das denn?!“, schimpft Fritz und probiert es noch mal. Nichts. Er schlägt mit der flachen Hand auf das Gehäuse. Der Computer sagt keinen Mucks.
Unten vor dem Haus hält ein Auto. Fritz hört die Stimmen von seiner Schwester Julia und seiner Mutter. Julia läuft zum Eiswagen.
„Blöde Kiste!“, beschimpft Fritz seinen Computer.
„Fritz?“, ruft seine Mutter von draußen.
„Was ist?“, fragt Fritz unwillig zurück.
„Willst du ein Eis?“
Fritz merkt, wie sich eine große, dunkle Flutwelle durch seinen Kopf wälzt, so, als wäre er tatsächlich unter Wasser, als würde er ertrinken. Das Spiel ist für ihn das Wichtigste des Tages. Wenn der Computer kaputt ist, dann weiß er nicht mehr, was er machen soll.
„Nein, verdammt!“, schreit Fritz.
„Ist etwas passiert?“, fragt seine Mutter.
„Der Computer ist kaputt. Er geht nicht mehr an!“, ruft Fritz.
Und er denkt: Was jetzt mein Ritter wohl macht? Er liegt im

Wasser. Ich bin nicht da. Wie soll er wieder ans Licht schwimmen?
Seine Mutter kommt ins Zimmer und sagt: „Im Park spielen Tim und die anderen aus deiner Klasse Fußball.“
Fritz starrt den schwarzen Bildschirm an.
„Los, Fritz, du hast schon gestern das Training ausfallen lassen. Sieh mal, deine Sporttasche ist noch gepackt“, sagt seine Mutter.
Deshalb ist Mama also gekommen. Nicht, weil sie nachgucken wollte, wie es mir geht, sondern um mich zum Fußball zu schicken, denkt Fritz. Und ein böser Verdacht steigt in ihm auf. Er weiß genau, dass seine Eltern es nicht gut finden, dass er so viel am Computer spielt.
„Hast *du* den Computer kaputt gemacht?“, fragt er seine Mutter und schaut, ob der Stecker noch in der Steckdose steckt.
„Natürlich nicht“, sagt sie.
Vorsichtshalber knipst Fritz seine Schreibtischlampe an und wieder aus, um zu schauen, ob die Sicherung vielleicht raus ist. Ist sie aber nicht. Er merkt, wie die Flutwelle in seinem Kopf höher wird. Er muss etwas tun, sonst wird er gleich anfangen zu weinen, das weiß er.
„Na gut“, sagt er deshalb, schnappt sich die Tasche mit den Fußballsachen, läuft hinaus und klemmt sie auf seinen Gepäckträger. Dann läuft er noch einmal ins Haus und fragt seine Mutter nach Geld für ein Eis. Er kann gut einhändig fahren und dabei Eis

essen. Das ist für einen Ritter, der sonst vom Rücken eines Pferdes aus kämpft, kein Problem.

Fritz fährt den Radweg entlang. Die Sonne steht hoch am Himmel. Es ist heiß, wie auf dem Kreuzzug. Über ihm zwitschert ein Vogel. Sein Fahrrad ist sein Pferd. Er reitet hart. Er ist die Vorhut. Die anderen Ritter sind noch beim Fluss und trocknen ihre Rüstungen oder was immer man mit nassen Rüstungen macht. Fritz passt gut auf. Sie sind jetzt in feindlichem Land.

Vor ihm, vielleicht zwanzig Meter entfernt, steht ein Junge auf dem Radweg. Er trägt ein rotes T-Shirt und hat schwarze Haare.

Fritz lässt sein Fahrrad ausrollen. Der Junge steht mitten auf dem Weg und geht nicht zur Seite. Fritz könnte an ihm vorbei über die Böschung fahren, aber das wäre irgendwie komisch. Das wäre so, als hätte er vor ihm Angst. Also hält er an.

„Ich bin Salahadin“, sagt der Junge.

Komischer Name, denkt Fritz, und komisch, dass er hier so mitten auf dem Weg steht. Er sagt: „Hallo, ich bin Fritz.“

„Fritz?“, fragt der Junge.
„Das ist eine Abkürzung. Eigentlich heiße ich Friedrich. Aber du kannst mich Fritz nennen.“
Salahadin sieht fremd aus. Er hat nicht nur schwarze Haare, er hat auch schwarze Augen und eine braune Haut. Auch Fritz ist braun vom Sommer, aber nicht so wie Salahadin. Der ist bronzefarben.
„Was ist das?“, fragt Salahadin.
Fritz versteht nicht, was er meint. Erst als Salahadin auf sein Fahrrad zeigt, kapiert er, dass der merkwürdige Junge anscheinend nicht weiß, was ein Fahrrad ist.
„Das ist mein Fahrrad. Man kommt darauf schnell von einem Ort zum anderen …“
„Ah, wie ein Pferd?“
„Genau. Oder wie ein Drahtesel.“
„Und wohin willst du?“
„Zum Fußball.“ Plötzlich hat Fritz eine Idee: „Willst du mit?“
„Fußball?“, fragt Salahadin.
Dieser Junge scheint nicht nur noch nie ein Fahrrad gesehen zu haben, offensichtlich hat er auch noch nie was von Fußball gehört. Dabei dachte Fritz, dass alle Menschen Fußball kennen.
„Man rennt hinter einem Ball her und schießt ihn ins Tor“, sagt er.
„Ah.“ Der Junge nickt. „Gern komme ich mit. Ich laufe neben deinem Drahtesel her.“

Fritz schüttelt den Kopf. „Ich laufe auch, wir gehen zusammen." Auf einmal fühlt er sich ganz leicht. Es kommt ihm so vor, als ob er aus der Flutwelle aufgetaucht ist. Er holt tief Luft, als ob er vor dem Ertrinken gerettet ist. Die Sonne scheint, und er denkt: Friedrich und Salahadin – das klingt fast wie eine Geschichte.

Verdrehte Zeit

Fritz betritt den Klassenraum. Er muss an Salahadin denken. Ein merkwürdiger Name, und Salahadin ist auch ein merkwürdiger Junge. All die Dinge der modernen Welt scheint er nicht zu kennen. Er hat noch nie ein Fahrrad gesehen, noch nie Fußball gespielt und erst recht nicht mit einem Handy telefoniert.

Fritz überlegt, ob er mit seinem Freund Tim über Salahadin reden soll. Tim hat ihn gestern schon beim Fußballtraining getroffen. Es würde Fritz unglaublich interessieren, wie Tim ihn gefunden hat und was er von ihm denkt. Denn nachdem Salahadin erst mal begriffen hatte, wie die Fußballregeln sind, war er ein schneller und wendiger Stürmer. Und Fritz hat genau gesehen, wie Tim, der sonst der Beste ist, richtig Ehrfurcht vor Salahadin hatte.

Aber bevor Fritz zu Tim gehen kann, öffnet sich die Tür, und die Lehrerin erscheint. Der Unterricht beginnt.

In der letzten Stunde haben sie Erdkunde. Frau Frege ruft der Reihe nach Flüsse auf, und die Schüler sollen auf einer großen Wandkarte zeigen, wo sie ungefähr sind. Die Elbe und der Rhein sind nicht so schwer. Die Donau kennen schon nicht mehr alle. Fritz meldet sich. Er kennt den Fluss von seinem Computerspiel „Könige der Welten". An der Donau sind die Kreuzritter ein Stück entlanggezogen.

„Sehr gut", sagt Frau Frege. „Aber du musst ihn nicht von dort, wo der Fluss ins Meer mündet, zurückverfolgen, sondern von dort, wo er entspringt. Von der Quelle zur Mündung. Sonst wäre es ja so, als ob du rückwärts zählst oder die Zeit umdrehst, als ob die Zukunft die Vergangenheit ist …"

Fritz versteht nicht genau, was die Lehrerin damit sagen will. Aber er behält die Worte im Ohr, dass die Vergangenheit die Zukunft ist. Und sie fallen ihm ein, als er Salahadin auf dem Nachhauseweg plötzlich wiedersieht. Er steht beinahe an der gleichen Stelle wie gestern. Fritz freut sich, ihn zu sehen, und Salahadin läuft ein Stück neben ihm her, während Fritz über den Gehweg rollt. Als sie an einem kleinen Waldstück vorbeikommen, bleibt Salahadin plötzlich stehen.

„Was ist los?", fragt Fritz.

„Komm." Salahadin huscht zwischen zwei Büsche am Straßenrand. Fritz legt sein Fahrrad auf den Boden. Er achtet darauf, dass es kein Geräusch macht, nicht klappert oder scheppert. Genau weiß er nicht, warum er das tut. Es liegt vielleicht an der

Art, wie Salahadin sich bewegt. So geschmeidig. Wie ein Indianer auf der Pirsch.

Fritz versucht die Bewegung seines Freundes nachzumachen. Er zieht die Schultern leicht an, beugt den Kopf nach vorn. Als würde ein Gummiband Kopf und Füße verbinden, zieht er durch seine Haltung die Sohlen nach oben und lässt sie leicht abrollen. Kaum ein Kiesel knirscht unter seinen Füßen.

Er schiebt den Busch beiseite und sieht Salahadin auf dem Bauch liegen. Er legt sich neben ihn. Dabei knistern ein paar Blätter. Salahadin blickt ihn vorwurfsvoll an, sagt aber nichts.

„Was ist denn?“, flüstert Fritz.

Salahadin schüttelt den Kopf und robbt vorwärts. Und natürlich hat er recht. Wenn es etwas gibt, an das man sich anschleichen muss, dann darf man nicht darüber reden. Dann muss man mucksmäuschenstill sein. Fritz folgt ihm.

Robben auf dem Waldboden ist viel schwieriger als Schleichen auf der Straße. Unter Fritz knacken Zweige, er fasst mit der Hand in eine Brennnessel und muss sich auf die Lippen beißen, um keinen Laut von sich zu geben. Während der Schmerz in seiner Hand prickelt, schaut er zu Salahadin. So müssen sich Kreuzritter gefühlt haben. Mit verletzter Hand durch eine unbekannte Landschaft robben, ohne zu wissen, was sie erwartet. Was Salahadin wohl vorhat? Er bewegt sich jedenfalls völlig lautlos. Da fällt Fritz auf, dass Salahadin über dem Boden zu schweben scheint. Er robbt gar nicht. Allerdings krabbelt er auch nicht, wie

sie im Sportunterricht krabbeln müssen, wenn der Lehrer sagt, sie sollen sich warm machen. Er bewegt sich wie ein Krokodil oder ein Salamander. Die Beine abgespreizt, den Körper leicht angehoben.
Fritz versucht ihm auf gleiche Weise zu folgen. Er hat Angst, dass er nicht genug Kraft hat. Liegestütze kann er nicht besonders gut. Aber weil er ständig nur einen Arm belastet, ist es leichter. So kommt er tatsächlich vorwärts. Und ohne dass es sich anhört wie ein Rudel Wildscheine, das durch die Erde pflügt.
Ob die Kreuzritter mit Rüstung so schleichen konnten?, fragt er sich. Da hält Salahadin inne. Er verharrt in der Bewegung.
Fritz ist neben ihm. Und vor ihm steht ein Reh. Ganz dicht, vielleicht drei oder vier Meter entfernt, rupft es Gras unter einem Stein heraus, das es genüsslich zermalmt. Fritz sieht seine großen

braunen Augen. Und er kann es riechen. Es riecht nach Staub und Erde. Fritz hat Rehe sonst nur vom Auto aus gesehen, auf den Feldern neben der Autobahn. Dass wilde Rehe so nah an seinem Schulweg leben, hat Fritz nicht gewusst. Er kann kaum begreifen, dass schon auf der Rückseite der Wegböschung ein Abenteuer wartet! Aber da ist Salahadin, und da ist das Reh, und Fritz denkt, man muss vielleicht von der Mündung zur Quelle, um in der Zeit zu reisen. „Echt cool“, flüstert er.
Salahadin guckt verwundert. „Cool?“
„Das heißt so viel wie ‚sehr gut‘“, erklärt Fritz.
Salahadin lächelt und nickt. „Ja, echt cool.“

Positionstausch

Es ist merkwürdig. Immer, wenn er mit Salahadin zusammen ist, hat Fritz nun das Gefühl, als würde er selbst zu einem Ritter werden, ja, als würde er durch Salahadin das Computerspiel in der Wirklichkeit weiterspielen. In der Wirklichkeit hat Fritz am Samstag ein Fußballspiel gegen die Mannschaft aus dem Nachbardorf. Und er will unbedingt, dass Salahadin dabei ist.
So kommt es, dass die beiden Jungen am Samstag gemeinsam auf dem Platz stehen, Fritz in der Abwehr, Salahadin im Angriff. Es wird ein spannendes Spiel. Schnell liegt ihre Mannschaft mit zwei Toren zurück. Beim zweiten Treffer war Fritz nicht schnell genug, sein Gegenspieler hat ihn einfach überrannt. Es ist klar sein Fehler gewesen. Der Trainer schüttelt den Kopf, und Fritz hört, wie er zu einem anderen Mann sagt, dass Fritz zu viel Computer spiele und deshalb schlecht und langsam geworden sei.
Traurig trottet Fritz über den Platz. Schon kommt der nächste Angriff. Fritz hat gar keine Lust mehr, mitzulaufen und um den

Ball zu kämpfen. Plötzlich sehnt er sich nach Hause, er möchte Kreuzritter am Computer spielen.
Aber da ruft ihm jemand im Vorbeilaufen zu: „Geh du nach vorn. Ich spiele hinten!"
Es ist Salahadin. Mit großen Schritten läuft er dem Gegner den Ball ab und spielt ihn zu Fritz. Der passt ihn weiter, genau in den Lauf des Mittelstürmers. Vielleicht ist Fritz im Moment nicht besonders schnell, aber er hat ein gutes Auge, wie ein Spiel läuft, und er kann flanken. Der Mittelstürmer schnappt sich den Ball und trifft zum zwei zu eins. Seine Teamkameraden klopfen Fritz auf die Schulter. Der nickt Salahdin zu.
Aber jetzt sind die Gegner auf der Hut. Erst in der zweiten Halbzeit bekommt Fritz' Mannschaft neue Chancen. Der Torwart wehrt einen Schuss ab, es gibt Eckball. Salahadin schnappt sich den Ball. Fritz steht am Elfmeterpunkt. Der Ball kommt. Viele Spieler versuchen ihn zu treffen, verfehlen ihn aber. Fritz sieht zwischen Köpfen hindurch ein Stückchen weißes Leder, nickt mit seinem Kopf nach vorn und rammt den Ball voll ins Tor. Seine Mitspieler springen auf ihn drauf und jubeln.
„Das war das Tor des Monats." Sogar sein Trainer klopft ihm auf die Schulter.
Fritz bedankt sich bei Salahadin. Er hat noch nie zuvor im Sturm gespielt. Er wusste gar nicht, dass er auf dieser Position so gut ist. Das Spiel endet unentschieden. Die Mannschaften geben sich die Hand, und der Trainer ruft: „Ab in die Dusche!"

Aber Salahadin hält Fritz zurück: „Ich weiß eine bessere Dusche. Komm mit.“
Die beiden ziehen ihr Trikot aus und ein T-Shirt über.
„Wohin geht's?“, fragt Fritz.
„In die Grube mit Wüstensand…“
„Wüstensand?“ Fritz wüsste nicht, dass es hier Wüstensand gibt.
„Ja, wo sie die Wüste aus der Erde holen.“
Da versteht Fritz, dass Salahadin die alte Kiesgrube meint. Eigentlich darf er dort nicht allein hin, aber seit er vor zwei Monaten den Freischwimmer gemacht hat, fühlt er sich im Wasser sicher. Und er ist ja nicht allein. Salahadin ist bei ihm. So laufen sie an der Sporthalle vorbei und biegen bei der Gärtnerei in einen Feldweg. Inzwischen ist es sehr heiß geworden. Die Sonne brennt ein Loch in den Himmel. Man hört förmlich, wie sich die Luft aufheizt. Endlich halten sie an. Sie stehen am Rand der Kiesgrube, wo schon lange kein Sand mehr abgebaut wird.
„Tatsächlich“, sagt Fritz.
„Was tatsächlich?“, will Salahadin wissen.
„Die Grube. Sie sieht tatsächlich wie eine Wüste aus.“
Und wirklich gleißt der weiße Sand der Grube in der Sonne wie ein afrikanischer Strand. In der Mitte ist ein blaues Auge, ein See, der Fritz und Salahadin zuzurufen scheint: Kommt her, hier ist es kühl und wunderbar!
Ein paar Erwachsene sind auch da, einige Kinder planschen im flachen Uferbereich.

Schon sind die beiden Jungen unterwegs, rennen den Hügel hinab, als würden sie noch einen Angriff starten, auf ein Tor, auf eine Burgmauer, wer weiß. Sie ziehen sich im Laufen die T-Shirts aus und am Ufer die Hosen. Dann stürzen sie sich in ihren Unterhosen ins Wasser, tauchen unter, spritzen sich nass.

„Besser als duschen?", fragt Salahadin.

„Viel besser“, ruft Fritz. „Aber woher wusstest du, dass es diese Grube gibt, und woher kanntest du den See?“
„Ach, ich hab die Umgebung erkundet.“
„Umgebung erkundet?“, fragt Fritz. Und denkt: Wie im Ritterspiel, nur besser.
„Ja, und dabei habe ich zwei super Fechtstöcke gefunden. Hast du Lust zu fechten?“
Das braucht Salahadin Fritz nicht zweimal zu fragen. Sofort ist er aus dem See gelaufen und hat sich seine Hose wieder angezogen.
„Wo denn?“, fragt er.
Auch Salahadin zieht sich seine Hose an, dann führt er Fritz an den Rand der Grube und zeigt ihm zwei Äste, jeweils so lang, wie die Jungen groß sind. Sie sind abgeschnitten worden, wahrscheinlich von der Gärtnerei, als im Herbst das Gebüsch kurz geschnitten wurde. Fritz nimmt einen Stab und wiegt ihn in der Hand. Für ein Schwert oder einen Degen ist er zu schwer und zu lang.
„Wie kämpft man denn damit?“, fragt er.
Salahadin zeigt ihm, wie man den Stab mit beiden Händen in der Mitte packt und dann abwechselnd mit den Enden nach vorn schlägt. Es sieht aus wie Rudern in der Luft. Fritz macht es nach.
„Gut“, sagt Salahadin, „aber nimm den Fuß mit nach vorn, wenn du schlägst. Ich zeig es dir noch mal.“

Dann kämpfen Fritz und Salahadin gegeneinander. Das Holz schlägt dumpf aneinander. Die Jungen lachen. Fritz nimmt den Fuß mit nach vorn. Seine Schläge werden kräftiger. Er hat schon oft am Computer gesehen, wie Ritter so kämpfen. Salahadin wehrt sich geschickt. Aber er kommt nicht selbst dazu, anzugreifen.

„Woher kannst du das so gut?", fragt er Fritz.
„Ich hab schon oft zugeschaut. Und du?", fragt der zurück.
„Da, wo ich herkomme, lernt man das in der Ausbildung", sagt Salahadin.

Wieder stutzt Fritz. Was für eine Ausbildung kann das wohl sein, wo man wie ein Ritter ausgebildet wird …? Aber er kommt nicht dazu, lange darüber nachzudenken. Salahadin wirbelt herum, fasst seinen Stock mit beiden Händen am Ende und deutet einen Schlag an. Fritz taucht darunter weg, verändert seine Position, dreht Salahadins Stock mit seinem eigenen einmal um sich selbst, sodass Salahadin entwaffnet wird, und stößt seinen Freund um. Dann wirft er sich auf ihn. Beide ringen miteinander im weißen Sand, bis sie schnaufend im Wüstensand neben dem See liegen.

„Du beherrschst den Positionstausch! Das muss man dir lassen!", sagt Salahadin. Und in Fritz klingen die Worte nach. Es kommt ihm so vor, als würde Salahadin nicht nur Fußball oder Fechten meinen, sondern auch ihre Freundschaft.

Die Erde dreht sich um ihre Achse

Fritz und Salahadin liegen im weißen Sand der Kiesgrube und schauen in den Himmel, der blau, hell, wie ausgewaschen wirkt und in dem eine weiße Sonne scheint.

Für einen Moment denkt Fritz an seinen kaputten Computer. Sein Vater hat den Rechner zur Reparatur gegeben. Irgendein Fehler im System hat ihn abstürzen lassen.

Seltsam, denkt Fritz. Sein Leben ohne Computer ist überhaupt nicht langweilig. Es kommt ihm vielmehr so vor, als würden mit Salahadin all die Abenteuer aus der anderen Welt Wirklichkeit.

„Wenn man so daliegt und nach oben schaut, kann man sich fast einbilden, dass man sehen kann, wie sich die Erde dreht", sagt er jetzt zu Salahadin.

„Hast du schon einmal so unter den Sternen gelegen?", fragt Salahadin zurück.

„Was?"

„Draußen geschlafen, unter freiem Himmel, direkt unter der Milchstraße."
„Nein. Leider nicht. Ehrlich gesagt bin ich noch nicht mal auf den Gedanken gekommen, dass man das machen kann."
„Das liegt an den Häusern. Wenn man immer in Häusern wohnt, vergisst man, dass man auch draußen leben kann. Man vergisst, was selbstverständlich ist."
„Dann lass uns heute draußen schlafen! Wollen wir?"
„Gern. Aber ich muss meine Eltern fragen", sagt Salahadin.
„Ja, das muss ich auch", nickt Fritz.
Sie sammeln ihre T-Shirts ein und laufen zurück ins Dorf. An der Ampel trennen sie sich.
„Rufst du an, wenn du draußen schlafen darfst?", fragt Fritz.
„Anrufen? Was ist das?", erkundigt sich Salahadin.
„Na, telefonieren, mit dem Handy oder dem Telefon …" Da fällt Fritz ein, dass Salahadin ja nichts davon besitzt. „Ach, komm doch einfach zu mir heute Nachmittag!"
„Gern. Es war mir eine Ehre", sagt Salahadin und gibt Fritz die Hand. Der wundert sich, als er weiterfährt, einmal mehr über seinen neuen, merkwürdigen Freund.
Zu Hause hören seine Eltern gespannt zu, was Fritz ihnen über Salahadin erzählt. „Manchmal stelle ich mir vor, wir beide sind Ritter, die durch den Orient ziehen. Und deshalb wollen wir heute Nacht draußen schlafen. Dürfen wir?", fragt er.
Sein Vater legt die Stirn in Falten. „Wo denn?"

„In der alten Kiesgrube."
„Nein, da könnt ihr nicht schlafen! Aber …", der Vater überlegt, „ihr könnt bei uns im Garten übernachten, wenn ihr wollt. Und wenn es zu kalt wird oder regnet, dann kommt ihr einfach rein."
„Reinkommen? Niemals!", entgegnet Fritz. Aber er ist zufrieden. Im Garten schlafen ist besser, als gar nicht draußen zu schlafen. Und als auch Salahadin kommt und von seinen Eltern die Erlaubnis hat, bei Fritz zu übernachten, ist er wirklich glücklich.
„Meine Eltern haben aber darauf bestanden, dass wir bei dir bleiben und nicht in der Kiesgrube schlafen", sagt Salahadin.
„Ja, meine auch. Eltern sind alle gleich", meint Fritz.
„Das waren sie schon immer …", sagt Salahadin leise.
Und Fritz wundert sich wieder, wie bei seinem Freund einige Sätze so merkwürdig klingen, so, als komme Salahadin aus einer anderen Zeit.
Draußen im Garten suchen die Freunde sich einen Schlafplatz. Sie finden ihn zwischen dem Kastanien- und dem Apfelbaum. So haben sie einen freien Blick auf den Himmel. Sie legen Isomatten mit Decken auf das Gras, und Fritz holt zwei Schlafsäcke vom Dachboden. Dann holen sie den Feuerkorb der Eltern aus dem Schuppen und suchen in den Beeten Steine zusammen, die sie unter den Korb legen, damit der vom Sommer trockene Rasen kein Feuer fängt. Salahadin schlägt vor, die Eltern um Mehl und Salz zu bitten. Das tun sie, und die Eltern geben den Jungen lächelnd, worum sie sie gebeten haben.

„Toll, dass ihr euch selbst versorgt", sagt die Mutter.
Draußen mischt Salahadin das Mehl mit Wasser und Salz zu einem festen Teig. Es ist eine dicke Pampe, und Fritz muss lachen, als er sieht, wie Salahadins Hände aussehen.
„Wie Quallenarme", prustet er.
Aber geschickt rubbelt Salahadin den Teig mit zusätzlichem Mehl von seinen Händen und sagt: „Jetzt brauchen wir Stöcke."

„Wie die vom See?“, fragt Fritz, der an die großen, schweren Stöcke denkt, mit denen sie gefochten haben.
„Nein, dünnere, aber schon so lang, wie zwei Arme sind.“
„Ich hole Messer“, schlägt Fritz vor.
Aber Salahadin schüttelt den Kopf. Er nimmt zwei der Steine unter dem Korb heraus und schlägt sie zusammen. Einer der Steine bricht und hat nun eine scharfe Kante.
„Das ist unser Messer“, sagt er.
Sie gehen zur Gartenhecke und schneiden mit dem Stein zwei Zweige ab. Dann entzünden sie das Feuer im Korb, setzen sich daneben und schälen die Rinde von den Zweigen. Die Sonne ist hinter der Hecke versunken, und es wird langsam kühl. Aber das Feuer wärmt. Salahadin zieht einen Streifen Teig aus dem Topf, dreht ihn zu einer dünnen Wurst und wickelt ihn um den Stock. Er gibt ihn Fritz.
„Und jetzt?“, fragt der.
„Langsam über dem Feuer drehen“, antwortet Salahadin.
Fritz röstet sein Stockbrot langsam braun. Auch Salahadin hat jetzt ein Brot, und Fritz guckt sich von ihm ab, wie man das Brot halten muss, damit es auch am Ende braun wird. Es riecht wie Toastbrot, aber es schmeckt hundertmal besser, als er es isst. Heiß und salzig und ein bisschen nach dem Rauch des Holzes.
So müssen Ritter gegessen haben, denkt Fritz, als Salahadin hoch in den Himmel zeigt: „Schau, der große Wagen. Das daneben ist der Orion. Und an seinem Fuß ist der Skorpion.“

Fritz blickt hinauf. Tatsächlich sind die Sterne aufgegangen. Nein, aufgegangen ist das falsche Wort. Fritz weiß ja, dass sie immer da, aber im Licht des Tages nicht zu sehen sind. Erst muss das Licht erlöschen, damit man etwas so Wunderbares wie die Sterne sieht. Fritz kommt es vor, als hätte er noch nie etwas so Schönes gesehen.

Im Haus seiner Eltern gehen die Lichter aus. Da wird es noch dunkler im Garten, und die Sterne scheinen noch heller.

„Diesen Strom, den ihr habt, Elektrizität, das ist doch eigentlich eine tolle Sache. Man kann immer kochen und hat immer Licht, wann man will“, meint Salahadin.

Fritz denkt an seinen Computer, der ohne Strom nicht laufen würde. Dennoch sagt er: „Aber ohne ihn ist es auch gut.“ Und er denkt: Vielleicht sogar besser. Dann legt er sich zurück, kriecht in seinen Schlafsack und schaut in den wogenden Sternenhimmel. Das Holz im Feuer knackt, er kann den Tag mit Salahadin in der Kieskuhle auf seiner Haut spüren, und es kommt Fritz so vor, als könnte er hören, wie sich die Erde um ihre Achse dreht.

Ein grauer Tag

Fritz wacht von den Vögeln auf. Er hat nicht gewusst, dass Vögel am Morgen solch einen Krach machen. Der ganze Garten singt und pfeift und tschilpt, so kommt es ihm vor.
Fritz dreht sich zu Salahadin um. Aber der Schlafsack neben ihm sieht merkwürdig leer und flach aus. Er berührt ihn. Niemand ist darin.
„Salahadin?“, fragt Fritz. Er blickt sich um. Der Garten ist neblig. Die Sonne ist noch nicht aufgegangen, ein graues Licht liegt über einer fremden Welt. Salahadin ist nicht zu sehen. Fritz steht auf. Das Gras ist nass und kalt an seinen Füßen. Er geht zu der Hecke, aus der er gestern noch mit Salahadin zwei Stöcke geschnitten hat, mit der sie Stockbrot über dem offenen Feuerkorb gebacken haben. Wo ist sein Freund nur? Er blickt über die Hecke. Und da sieht er die Sonne über den Bäumen des Friedhofs aufgehen. Riesengroß, rot wie Blut und mit einem Kranz, der aussieht wie brennendes Gas. Für ein paar Minuten betrach-

tet Fritz die Sonne, die höher und höher aufsteigt. Man kann ihr zusehen, wie sie aufgeht. Dann hört er hinter sich die Haustür klappen. Er dreht sich um. Sein Vater geht zum Auto.
„Papa!“, ruft Fritz.
Sein Vater winkt ihm zu und ruft zurück: „Na, wie habt ihr geschlafen?“
„Unglaublich“, antwortet Fritz. Unglaublich – das trifft es am besten. Der Schlaf war kurz, aber tief und erholsam wie noch nie zuvor. So kommt es Fritz jedenfalls vor. Sein Vater lächelt und kommt zu ihm herüber.
„Ich hole nach der Arbeit deinen Computer ab“, sagt er.
Fritz nickt. Er kann sich fast gar nicht mehr vorstellen, dass er, bevor er Salahadin kennengelernt hat, jeden Tag am Computer gespielt hat.
„Danke“, sagt Fritz und winkt seinem Vater nach. Freut er sich wirklich auf seinen Computer?
Aber schon als Fritz beim Frühstück sitzt, merkt er, dass er sich doch riesig auf seinen Computer freut! Und irgendwie kann er nicht anders, als zu denken, dass Salahadin ruhig eifersüchtig sein soll, wenn Fritz heute keine Zeit hat, um mit ihm zu spielen. Salahadin ist nämlich auch zum Frühstück nicht aufgetaucht, und als Fritz mit dem Fahrrad zur Schule fährt, genau an der Stelle vorbei, an der er mit Salahadin das Reh gesehen hat, da ärgert er sich richtig über ihn, dass er einfach vor dem Morgengrauen abgehauen ist.

Der Schultag kommt Fritz heute unendlich lang vor. Nach dem Mittagessen schnappt er sich seine Sporttasche und fährt zum Fußballtraining. Insgeheim hofft er, dass Salahadin wenigstens dort auftaucht. Aber der Junge bleibt verschwunden.
Fritz weiß nicht, ob er sich weniger auf seinen Computer gefreut hätte, wenn Salahadin bei ihm gewesen wäre und Ideen für neue Abenteuer gehabt hätte. Aber letztlich ist es egal. Fritz ist es egal. Salahadin ist Fritz egal. Er hat ja seinen Computer.
Nach dem Training rast er mit dem Rad so schnell nach Hause, dass er immer noch aus der Puste ist, als er ins Haus läuft.
Sein Vater ist schon da, und er hat Wort gehalten: Er hat Fritz' Computer tatsächlich aus der Reparatur mitgebracht.
„Was war denn kaputt?", fragt Fritz, während er den Computer anschaltet, und sein Vater sagt: „Die meinen, dein Spiel „Könige der Welten" hätte sich selbstständig gemacht. So etwas wäre ihnen noch nie untergekommen."
Fritz nickt. Ja, so ähnlich sind ihm die letzten Tage mit Salahadin auch vorgekommen. So als ob sich sein Spiel verselbstständigt hätte.
Fritz gibt sein Passwort ein, dann öffnet er „Könige der Welten". Er wählt die letzte gespeicherte Einstellung. Und da reitet ein König über den Bildschirm, ein Ritterkönig, der gerade einen Fluss durchquert. Die Strömung wird immer reißender. Fritz ist sofort wieder im Spiel. Der König wankt. Sein Pferd strauchelt. Der Boden rutscht unter den Füßen weg. Der König stürzt.

An genau dieser Stelle ist der Computer abgestürzt. Jetzt hält Fritz die Luft an. Er wartet, ob der König wieder auftaucht. Und tatsächlich stößt er durch den Wasserspiegel hindurch an die Luft und schwimmt an das Ufer. Fritz atmet auf.
Es kann weitergehen. Nachdem er die Rüstung getrocknet und auch sein Pferd trocken gerieben hat, machen er und seine Gefährten sich wieder auf den Weg. Sie reiten eine lange, staubige Wüstenstraße entlang, die Sonne brennt weiß am Himmel. Fritz muss an die Kieskuhle denken, in der er mit Salahadin gefochten hat. Ihr Sand war so weiß wie der auf dem Bildschirm. Fritz' Blick schweift umher. Vor ihm ist ein Berghang, der dem der Kiesgrube ganz ähnlich sieht. Oben auf dem Berghang entdeckt er einen einzelnen Reiter. Er schirmt mit der Hand die Augen ab. Der Reiter kommt ihm merkwürdig bekannt vor. Die dunklen Haare, die geschwungenen Augenbrauen. Fast meint Fritz, Salahadin in seinem Computerspiel zu erkennen.
Er lässt seinen Ritter dem Pferd die Sporen geben und prescht den Berg hinauf, mitten durch das unbekannte Land. Als er oben ankommt, ist kein Reiter zu sehen, kein Salahadin. Nur eine Staubwolke am Ende der Ebene. Fritz reitet ihr nach. Die Landschaft wird öder, grauer, wie der Garten im Morgennebel. Und immer noch ist kein Salahadin zu sehen. Immer weiter reitet Fritz, bis ihn ein merkwürdiges Gefühl beschleicht. Ein Gefühl, als sei er hier schon einmal gewesen. Aber er war hier noch nie. Noch nie ist er im Spiel bis zu dieser Ebene vorgedrungen.

Und da wird Fritz klar, dass dieser graue und leere Ort keine Landschaft ist, sondern wie das Gefühl, das er am Morgen hatte, als Salahadin nicht da war. Schon einmal hat er auf ihn gewartet. Schon einmal hat er seinen Freund gesucht und nicht gefunden. Schon einmal kam er sich so verlassen vor.

Fritz sitzt vor dem leeren Bildschirm.
Er hat den Computer ausgemacht.
Er wartet.

Er wartet auf Salahadin. Und zum ersten Mal fragt er sich, ob es Salahadin wirklich gegeben hat oder ob er nur eine Figur in einem Spiel gewesen ist, das er weitergespielt hat, nachdem der Computer kaputtgegangen ist.

Zweierlei Ritter

„Entschuldige, dass ich gestern Morgen einfach abgehauen bin. Mir ist etwas eingefallen …“, murmelt Salahadin.
Die beiden Jungen sitzen am Esstisch bei Fritz’ Eltern. Vorhin hat es an der Tür geklingelt, und da stand Salahadin. Aus Fleisch und Haut und Blut, ganz lebendig.
„Schon okay“, sagt Fritz. Dabei war es alles andere als okay.
„Was hast du vergessen? Was hast du den ganzen Tag gemacht?“
„Ich hab ein Pferd bekommen!“, antwortet Salahadin.
„Ein Pferd?!“, ruft Fritz so laut, dass seine Mutter den Kopf zur Tür hereinstreckt und ihn fragend ansieht.
„Ja“, nickt Salahadin.
Und Fritz muss kurz an sein Spiel denken, in dem er einen Ritter auf einem Pferd gesehen und versucht hat, ihn einzuholen, ohne es zu schaffen. „Kannst du denn reiten?“, fragt er.
„Ich lerne es. Wollen wir zusammen reiten lernen?“

„Au ja“, ruft Fritz zum zweiten Mal so laut, dass seine Mutter hereinkommt.
„Ist etwas mit deinem Pferd?“, fragt sie grinsend.
„Äh, nein…“, sagt Fritz schnell und fragt, ob er mit Salahadin zum Reitstall darf. Der Junge erklärt, dass der Bauernhof direkt am Dorfrand liegt. Da es bis dahin keine großen Straßen gibt, ist Fritz' Mutter einverstanden.
Die Jungen laufen los. Fritz hätte auch mit dem Fahrrad fahren können. Aber er fand es plötzlich unfair, dass Salahadin immer nebenherjoggen muss.
„Und was hast du heute so gemacht?“, fragt Salahadin.
„Och, nichts Besonderes. Mein Computer ist wieder heile.“
„Computer?“
Fritz fällt wieder ein, dass sein neuer Freund nichts kennt, was mit moderner Technik zu tun hat. „Ja, so eine Art Fernseher, mit dem man verschiedene Sachen machen kann. Zum Beispiel kann man darauf Spiele spielen. Mein Lieblingsspiel heißt ‚Könige der Welten'. Das ist ein Ritterspiel. Man hat eine Figur, die lauter Abenteuer erlebt. Und gestern habe ich da einen Ritter getroffen, der glich ganz und gar …“ *dir*, wollte Fritz sagen. Aber er sagt es nicht. Er wäre sich doof vorgekommen, so, als ob er wirklich glaube, dass Salahadin etwas mit seinem Computerspiel zu tun haben könnte.
„Ja, es gibt wohl zweierlei Ritter“, nickt Salahadin. „Schau, da vorn ist es schon!“

Tatsächlich können sie am Geruch merken, dass sie sich einem Pferdestall nähern. Ein bisschen riecht es wie die taunasse Erde heute Morgen, findet Fritz.
Sie gehen in den Stall. In jeder Box steht ein Pferd. Von Nahem sehen die Tiere viel größer aus, als Fritz sie sich vorgestellt hat. Viel, viel größer sogar. Sein Kopf reicht ihnen gerade bis zum Rücken. Salahadin bleibt vor einer Box mit einem schwarzen Pferd stehen. Als es die Jungen sieht, wendet es sich ihnen zu und schaut sie neugierig an. Es ist etwas kleiner als die anderen Pferde.
„Hallo, Aleikum", flüstert Salahadin.
„Aleikum?", fragt Fritz.
„Das bedeutet Friede. Es heißt Friede, mein Pferd."
Fritz streckt seine Hand aus, und das Pferd schnuppert daran. Der Bauer kommt dazu und hilft den Jungen, das Pferd zu satteln. Dann hält er Salahadin eine Hand hin und hilft ihm, in den Sattel zu kommen. Er streift dem Pferd ein Halfter mit Seil über das Zaumzeug, führt es hinaus auf einen umzäunten Reitplatz und fragt: „Willst du es allein probieren?"
„Fritz kann es halten", sagt Salahadin und setzt sich seinen Reithelm auf.
Der Bauer gibt Fritz das Ende des Seils, bleibt aber am Rand stehen und schaut zu. Fritz geht einen Schritt nach vorn, Aleikum folgt ihm. Er führt ihn einmal um den Platz, Aleikum schnaubt ab und zu, bleibt aber neben ihm.

„Jetzt du“, sagt Salahadin und steigt ab.
Fritz schüttelt den Kopf. „Ich bin noch nie geritten.“
„Dann wird es Zeit.“ Salahadin hält Fritz seine Hände wie eine Räuberleiter hin. Fritz zögert. Soll er jetzt nicht reiten, wo er doch jeden Tag über Ritter redet und Ritter spielt? Er steigt in Salahadins Hand, nimmt Schwung und wirft sein rechtes Bein über den Rücken von Aleikum. Der zuckt leicht, bleibt aber stehen. Vorsichtig richtet sich Fritz auf. So müssen sich Ritter gefühlt haben, so hoch oben. Salahadin reicht ihm den Helm. Dann schnalzt er leicht mit der Zunge und geht los. „Komm.“

Aleikum folgt ihm. Fritz muss sich gut festhalten, so sehr schwankt es auf dem Rücken des Pferdes. Er hat sich gar nicht vorgestellt, wie wackelig das ist. Wenn seine Computerritter kämpfen, dann sieht das immer leicht und elegant aus. Aber jetzt spürt er, wie viel Kraft so ein Pferd hat und wie schwer es sein muss, das Tier ganz allein zu reiten.

Bis zum Abend reiten die Freunde abwechselnd ihre Runden. Schon beim zweiten Mal versucht Fritz es allein. Er hat keine Angst mehr vor Aleikum. Er hat keine Angst mehr, sich zu blamieren. Da ist nur noch der Spaß und das Glück, auf einem echten Pferd zu sitzen und zu merken, wie es auf seine Bewegungen antwortet und reagiert.

Dann reiben sie das Pferd im Stall trocken und geben ihm Wasser und Heu, ganz so, wie es die Ritter im Computerspiel getan haben. Als sie wieder nebeneinanderher ins Dorf zurückgehen, schweigen sie eine ganze Weile.

„Danke", sagt Fritz schließlich, „danke, dass du mir all das gezeigt hast, das Reiten, das Stockbrot, das Reh und wie man ein Messer macht …"

Aber Salahadin sagt: „Du musst dich nicht bedanken. Ich bin froh, dass ich dich getroffen habe. Du hast mir alles gezeigt und erklärt. Vieles konnte ich gar nicht glauben."

Fritz atmet aus und lächelt.

„Aber da ist noch etwas, was du mir noch nicht gezeigt hast und was ich gerne kennenlernen möchte", fügt Salahadin hinzu.

„Klar, was denn?", fragt Fritz.
„Dein Computerspiel. ‚Könige der Welten', das hast du mir noch nie gezeigt. Ich würde es gern mit dir spielen."
Fritz denkt an vorhin, wie es ihm plötzlich keinen Spaß gemacht hat, Computer zu spielen, weil er lieber mit Salahadin etwas unternommen hätte. „Ach, ich weiß nicht. Es ist auf jeden Fall nicht so toll, wie in echt zu reiten", meint er.

„Das würde ich gern selbst herausfinden. Wenn wir es zusammen spielen, dann wird es bestimmt toll. Immerhin gibt es ja zweierlei Arten von Rittern", lacht Salahadin. Und Fritz lacht auch. Er nickt. Ja, zusammen mit Salahadin zu spielen, das wäre toll. Und verrückt wäre es auch. So, als ob er und Salahadin sich selbst im Spiel begegnen würden.

Ich bin du, und du bist ich

Sophia

Sophia sitzt auf ihrem Bett und wartet, dass es Abendessen gibt. Sie hat Hunger. Und sie will an etwas anderes denken als an diesen Tag. Es war kein besonders guter Tag für Sophia. Sie hatte Reitunterricht. Dabei reitet sie nicht gern. Sie macht es eigentlich nur, weil ihre Freundinnen auch reiten.

Fast alle Mädchen in Sophias Klasse haben Pferde auf ihren Federmäppchen. Die meisten haben auch Ranzen mit vielen kleinen Pferden darauf. Aber in Wirklichkeit sind die Tiere riesengroß. Sophia fällt es jedes Mal schwer, überhaupt nur auf den Rücken hinaufzuklettern. Und dann, wenn sie eine Runde reiten soll, bleibt das Pferd stattdessen am Gatter stehen und knabbert den Holzbalken an. Sophia sagt *Hüa* und *Hopp*, aber es bewegt sich nicht von der Stelle. Die Reitlehrerin gibt dem Pferd einen Klaps, und dann rennt es los, und Sophia muss sich festhalten, damit sie nicht hinunterfällt. So ist das jedes Mal. So war es auch heute.

Wenn ich ein Junge wäre, dann würde ich bestimmt nicht reiten, denkt Sophia.

Auf dem Rückweg vom Reiten ist sie an der Wiese neben dem Auenwald vorbeigefahren, auf der die Jungen aus ihrer Klasse immer Fußball spielen. Die Sonne stand schräg über dem Wald und schickte ihr orangefarbenes Licht über das Fußballfeld.

„Hey, Konrad", rief Sophia.

Konrad sitzt in der Schule hinter ihr. Eigentlich ist er ganz nett. Diesmal aber winkte er ihr nur kurz zu und rannte hinter dem Ball her, den Anton ihm eben weggegrätscht hatte.

„Kann ich mitspielen?", rief Sophia.

„Nee, lass mal", rief Konrad zurück. „Es steht neun zu neun. Ein Tor noch, dann sind wir fertig und hören auf. Jetzt kann man die Mannschaften nicht mehr verändern."

„Sind ja auch *Mann*schaften, keine Frauschaften!", rief Anton. „Nachher verliert noch jemand wegen dir."

Sophia wartete nicht, bis das zehnte Tor fiel. Sie weiß, dass sie nicht gut in Fußball ist. Und trotzdem findet sie es gemein, dass die Jungen das so gesagt haben.

Sophia ärgert sich. Sie reitet nicht gern, sie ist nicht gut im Fußball – aber dafür ist sie sehr gut darin, sich Geschichten auszudenken. Die Wörter fliegen ihr zu wie Vögel, wenn man sie füttert. Sie kann gut reimen, sie kann sogar rückwärts sprechen. „Sgnuj dnis food", sagt sie. Jungs sind doof. Und Pferde auch. Sie blickt auf ihre Beine und sieht, dass sie Gänsehaut hat.
Komisches Wort, *Gänsehaut*, denkt sie. Wie sieht denn die Haut von Gänsen aus? Gänse haben ja Federn. Man kann ihre Haut gar nicht sehen. Es ist so, als ob die Gänse einen anderen Körper unter ihrem äußeren Körper haben.
Auf dem Nachttisch steht Sophias kleines Radio. Sie schaltet es ein und sucht den richtigen Sender. Um diese Zeit läuft dort für gewöhnlich eine Kindergeschichte. Den Anfang hat Sophia verpasst, aber schnell versteht sie, worum es geht.
Die Hauptfigur in der Geschichte ist Karl. Karl ist so alt wie sie und geht wie sie in die erste Klasse. Er macht gerade Hausaufgaben, während sie auf dem Bett liegt. In Karls Klasse wurde heute über Zaubergeschichten gesprochen. Die Kinder kannten eine ganze Reihe Zaubergeschichten: Harry Potter natürlich, aber auch die Kleine Hexe oder Bibi Blocksberg, Hui Buh oder Eragon. Als Hausaufgabe hat Karl auf, sich einen Zauberspruch auszudenken. Er sitzt am Schreibtisch, kaut auf seinem Bleistift und denkt: Blöder Zauberspruch. Warum kann ich nicht was anderes machen …
Sophia lächelt. Wahrscheinlich ist Karl total gut in Fußball. Und

vielleicht würde er sich freuen, wenn er mal reiten könnte, denkt Sophia.
Warum kann ich nicht was anderes machen?, denkt Karl in der Geschichte. Das ist doch ein super Anfang für einen Zauberspruch!

Warum kann ich nicht was anderes machen?
Als Haustier hätt' ich gern zwei Drachen.
Tags will ich schlafen und nachts wachen.
Und Feuer soll dann Eis anfachen.

Sophia hört aus dem Radio: „… Eis anfachen …“ und richtet sich auf. Was hat Karl gerade gesagt?, fährt es ihr durch den Kopf. Hat sie sich verhört? Oder hat *sie* den Reim aufgesagt, den der Junge im Radio geschrieben hat? Neugierig und auch ein bisschen aufgeregt hört sie jetzt genau zu.
Im Radio setzt der Junge namens Karl den Punkt hinter das letzte Wort des Zauberspruchs. Er steckt den Bleistift wieder in den Mund und kaut darauf herum. Er lauscht, ob die Stimme in seinem Kopf noch da ist.
Er wundert sich, wer ihm da eben den Zauberspruch zugeflüstert hat. Im ersten Moment war er richtig erschrocken, so genau hatte er die Stimme gehört. Dabei war er ganz allein in seinem Zimmer.
Stimme in seinem Kopf?, fragt sich Sophia. Bin das ich gewesen?
Bin ich die Stimme in deinem Kopf gewesen …?, schreibt Karl.
Sophia schüttelt sich. Das gibt es doch gar nicht. Kann der Junge im Radio sie denken hören?
Kann ich dich denken hören …, schreibt Karl.
Und Sophia macht aus dem Reim einen Zauberspruch:

„Bin ich die Stimme in deinem Kopf,
Kann ich dich denken hören,
Dann ist das Bett ein Zaubertopf
Und wir können uns beschwören.“

„… beschwören …“, schreibt Karl auf.
Sophia kann es nicht fassen. Aus dem Radio hört sie, dass Karl es nicht fassen kann. Sophia denkt: Er hört mich.
Hörst du her?
Er ist ich.
Und ich bin er.
Und in diesem Augenblick spürt Sophia, wie ein Bleistift zwischen ihren Lippen steckt. Sie liegt nicht mehr auf ihrem Bett. Sie sitzt an einem Schreibtisch. Sie trägt ein schwarzes T-Shirt mit dem Aufdruck eines Kinofilms, das auch Konrad und Anton und alle anderen Jungen in ihrer Klasse tragen und von dem sie Federmäppchen und Schulhefte haben, wie die Mädchen welche mit Pferden. Vor ihr liegt genau solch ein Federmäppchen und ein aufgeschlagenes Schulheft, in dem in einer krakeligen Schrift steht:

Hörst du her?
Sie hört mich.
Ich bin er.
Und sie ist ich.

Sophia blickt sich um. Sie sitzt in einem Zimmer, an dessen Wänden Poster mit Fußballspielern hängen. Auch das Bett hat einen Fußballbezug. Ein Haufen Modellautos liegt in einer Zimmerecke, und von der Lampe baumelt ein Flugzeug.

Ich bin *er*. Ich bin in die Radiogeschichte geraten, denkt Sophia und kann es nicht fassen. Aber gleichzeitig freut sie sich, dass sie recht gehabt hat. Karl ist tatsächlich Fußballfan.
„Karl? Kommst du zum Abendessen?“, hört Sophia eine Frauenstimme rufen. Das muss seine Mutter sein! Sophia steht auf. In der dunklen Fensterscheibe sieht sie sich wie in einem Spiegel. Sie sieht einen Jungen, etwas größer, als sie war, mit blonden, fast weißen Haaren, Sommersprossen und braunen Armen.
Ich bin ein Junge!, denkt Sophia, aber komischerweise findet sie das überhaupt nicht unheimlich. Neugier und Aufregung prickeln in ihrem Bauch. Laut ruft sie zurück: „Ja, Mama, ich komme!“

Karl

Karl schüttelt den Kopf. Aber je mehr er den Kopf schüttelt, desto weniger kann er sich merken, was der Lehrer gerade diktiert hat. Karl sitzt in der Schule, und seine Hand kritzelt ein paar Buchstaben auf die Seite, die aber meistens keine richtigen Wörter ergeben. Karl kann sich Wörter einfach nicht vorstellen. In Diktaten macht er regelmäßig die meisten Fehler in seiner Klasse, und selbst wenn er einen Text abschreiben soll, verändern sich die Buchstaben auf dem Weg vom Buch in sein Heft. Morgen schreiben sie ein neues Diktat, und Karl weiß, dass er wieder nicht gut sein wird.

Zu allem Überfluss gibt ihnen ihr Lehrer, Herr Nolte, noch diese dämliche Hausaufgabe auf. Sie sollen sich Zaubersprüche ausdenken. Zaubersprüche sind gereimt. Zaubersprüche geben der Sprache einen neuen Sinn. Sie schaffen eine neue Wirklichkeit, sagt Herr Nolte.

Wenn ich zaubern könnte, dann würde ich zaubern, dass ich null

Fehler im Diktat mache, denkt Karl. Aber das war leider nicht gereimt und wird deshalb wohl nicht in Erfüllung gehen.

Die Hausaufgaben und das Diktat morgen quälen Karl sehr. Noch nicht mal das Fußballspielen in der großen Pause mit seinen Freunden Oskar und Jakob kann ihn ablenken, dabei hat er zwei Tore geschossen.

Schlecht gelaunt fährt er nach der Schule mit dem Bus nach Hause, schließt die Wohnungstür auf und schmeißt seinen Schulranzen in die Ecke. Seine Mutter kommt heute später nach Hause. Und seinen Vater hat Karl noch nie gesehen.

Er nimmt sich drei Bananen aus der Obstschale, holt den Tabletcomputer und guckt sich eine Folge seiner Lieblings-Zeichentrickserie an. Aber die ist heute auch irgendwie langweilig. Seine schlechte Laune wird zu einem richtigen Zorn.

Er schmeißt die Bananenschalen weg und geht in sein Zimmer. Er kramt das Deutschheft heraus und setzt sich an seinen Schreibtisch.

Zaubersprüche schreibt er oben auf die Seite. Dann überlegt

Karl. Aber ihm fallen nur Kindermärchen-Zaubersprüche ein. Einen neuen Zauberspruch – er weiß gar nicht, wie er einen finden soll. Nach einer Weile schaltet er das Radio ein. Nachrichten, doofe Musik, noch doofere Musik, eine Radiogeschichte. Für Kinder.

„Sophia sitzt auf ihrem Bett und wartet, dass es Abendessen gibt. Sie hat Hunger. Und sie will an etwas anderes denken als an diesen Tag. Es war kein besonders guter Tag für Sophia. Sie hatte Reitunterricht. Dabei reitet sie nicht gern", hört Karl.

Er steckt sich seinen Bleistift in den Mund und spielt, er sei eine Zigarre. Karl kaut auf dem Zigarren-Stift herum und denkt: Warum kann ich nicht was anderes machen?

Und in diesem Augenblick hört er eine Stimme in seinem Kopf. Eine helle Stimme, eine Mädchenstimme. Fast spielerisch sagt sie ihm einen Zauberspruch. Karl schaut sich um, ob da jemand in seinem Zimmer ist. Aber da ist niemand. Nur das Radio ist an. Und im Radio wird die Geschichte von Sophia erzählt, die sich jetzt auf ihrem Bett ausstreckt und sich über irgendwelche Jungen ärgert, die sie beim Fußball nicht haben mitspielen lassen.

„Typisch Mädchen. Statt einfach was anderes zu machen", murmelt Karl. Und schreibt dann schnell den Zauberspruch auf.

Das Mädchen im Radio wundert sich darüber, dass Karl genau den Spruch aufgeschrieben hat, den es gesagt hat.

Karl legt den Bleistift weg. Handelt die Geschichte von mir?, fragt er sich. Das kann nicht sein!
Doch da kommt schon der nächste gereimte Zauberspruch. Karl schreibt ihn mit, während das Mädchen im Radio ihn diktiert. Er spricht ihn sogar mit:

Er hört mich.
Hörst du her?
Er ist ich.
Und ich bin er.

Nach dem letzten Wort des letzten Verses hat er keinen Bleistift mehr in der Hand, sondern ein Radio. Er sitzt nicht mehr am Schreibtisch, sondern liegt auf einem Bett, und er ist kein Junge mehr, sondern ein Mädchen. Er ist das Mädchen, das ihm eben noch seine Zaubersprüche vorgesprochen hat.
Erschrocken springt Karl auf. Die Radiosendung läuft noch. Und aus dem Radio hört er, wie das Mädchen seine Gestalt angenommen hat, wie es nun in seinem Zimmer am Schreibtisch sitzt und seine Poster und seine Hausaufgaben ansieht und dass es findet, dass er eine krakelige Handschrift hat.
Das kann nicht wahr sein, denkt Karl. Aber Angst hat er keine. Und dann kommt ihm ein Gedanke. So gut, wie das Mädchen mit Sprache umgehen kann, so gut ist es sicher auch in der Schule. Speziell in Diktaten wird es sehr gut sein.

Vielleicht ist es gar nicht schlecht, wenn diese
Sophia morgen für mich in die Schule geht, denkt Karl.
Er setzt sich wieder auf das Bett. Er ist ein wenig erstaunt, dass es sich eigentlich nicht anders anfühlt, ein Mädchen zu sein.
Er hat sich das zwar noch nie wirklich vorgestellt, aber irgendwie hat er immer gedacht, Mädchen und Jungen seien ganz verschieden, also müsste es sich auch verschieden anfühlen, Junge oder Mädchen zu sein. Aber das tut es nicht. Er hat eine kurze Hose und ein T-Shirt an. Allerdings riechen die Sachen nach einem anderen Waschmittel.
Karl stellt sich vor den Spiegel in Sophias Zimmer und schaut sich an. Er hat blonde Haare, die ihm bis auf die Schulter fallen, ein schmales Gesicht mit einer kleinen Narbe an der Nase, wo Sophia wohl einmal eine Windpocke aufgekratzt hat. Der linke Schneidezahn ist neu, der rechte fehlt noch. Sophia muss im Sommer viel draußen gewesen sein. Ihr Gesicht ist noch immer braun. Und an den Knien sieht man verheilte Ratscher und Kratzer.
Ich bin ein Mädchen, denkt Karl. Er schaut auf die Haargummis, die vor dem Spiegel liegen. Er hat sich noch nie einen Zopf gemacht. Und er hat noch nie einen Schlafanzug angehabt, auf den kleine Blumen gedruckt sind. Er blickt an sich hinunter und fühlt sich nun plötzlich doch ein bisschen anders.
Da hört er eine tiefe Stimme rufen: „Sophia, komm, dann können wir noch ein bisschen spielen."

Karl wundert sich doppelt. Mit seiner Mutter spielt er abends nie, sie ist meistens zu müde. Nur am Wochenende unternehmen sie etwas zusammen. Er lauscht der Männerstimme nach. Dann öffnet er die Zimmertür und ruft dem Mann hinterher: „Ja, ich komme!" Karl ruft in Sophias Ton, er hat eine Mädchenstimme. Und dann wiederholt er den Ruf und fügt ein Wort hinzu: „Ja, ich komme, Papa."

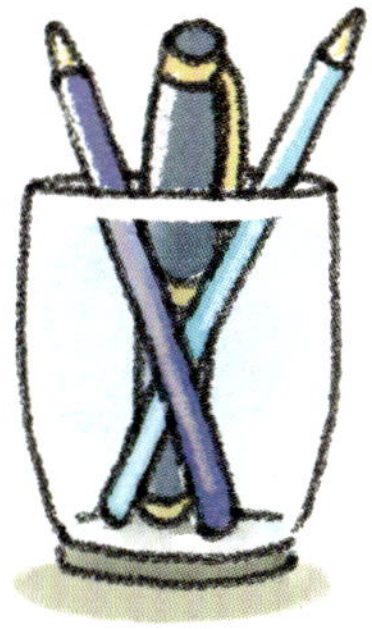

Wer schreibt das Diktat?

Der Wecker klingelt. Sophia streckt und reckt sich und wundert sich, wie sich ihre Beine anfühlen, sie sind irgendwie kräftiger, ihre Arme sind länger, ihr Bauch ist ein bisschen breiter. Sie braucht eine Weile, um zu begreifen, wo sie ist und wer sie ist. Dann fällt ihr alles wieder ein. Die Geschichte im Radio. Der Körpertausch.

Es fühlt sich seltsam an, Karl zu sein. Fast so, als ob sie mit dem Kopf unter Wasser taucht, fast so, als wäre sie mitten in einen Traum geraten.

Karls Mutter ist eine junge Frau, die nett aussieht, findet Sophia. Sie arbeitet in einer Arztpraxis und kommt erst nachmittags nach Hause. Das hat Sophia

gestern alles beim Abendessen herausgefunden. Einen Vater hat Karl offenbar nicht. Jedenfalls wohnt er nicht hier.
Sophias Vater kommt früher von der Arbeit als Karls Mutter. Sophias Mutter arbeitet zwar auch, aber nur am Vormittag, wenn Sophia in der Schule ist. Wenn Sophia nach Hause kommt, gibt es Mittagessen. Bei Karl wird abends warm gegessen. Seine Mutter hat sich sehr gewundert, wieso Karl so wenig isst. Dabei hatte sie extra Pizza gebacken. Aber mehr als zwei Stücke hat Sophia einfach nicht geschafft.
Sophia steht auf, geht ans Fenster und schaut hinaus. Statt der Wiese mit den Kühen sieht sie ein hohes Haus mit fünf Geschossen und jede Menge Autos. Sie geht zum Kleiderschrank und nimmt eine Unterhose, eine abgeschnittene Jeans und das Trikot eines Bundesligavereins als T-Shirt heraus. Alle drei Kleidungsstücke wären ihr zu groß, aber Karls Körper passen sie wie angegossen. Vor allen Dingen ist es witzig, eine Jungenunterhose anzuziehen, findet Sophia. Sie macht das Bett und legt ihren Schlafanzug auf das Kopfkissen, dann geht sie in die Küche.
Auf dem Küchentisch liegen ein Zettel von der Mutter und eine Brotdose. Die Mutter ist schon zur Arbeit gegangen, auf dem Zettel wünscht sie Karl einen schönen Tag und viel Erfolg beim Diktat.
Sophia löffelt ein Müsli und steckt die Brotdose in den Schulranzen, der neben der Tür steht. Auf den Schulranzen sind Jeeps mit riesigen Reifen gedruckt, keine Pferde wie auf ihrem. Dann holt

sie noch das Heft aus Karls Zimmer, in das er gestern die Zaubersprüche geschrieben hat, die Sophia ihm diktiert hat. Das sind wohl Hausaufgaben gewesen, denkt sie. Sie zieht sich eine Jacke über, die an der Garderobe hängt, und setzt sich den Ranzen auf. Sie hat keine Ahnung, wie sie die Schule finden soll.

Als Sophia mit Karls Schulranzen auf dem Rücken aus dem Haus geht, muss sie daran denken, dass ihre Mutter immer an der Haustür steht und ihr einen Abschiedskuss auf die Wange drückt.

Sie sieht sich nach einem Roller um. Zu Hause fährt sie immer mit dem Roller, hier scheint es keinen zu geben. Dafür rennt plötzlich ein Junge an ihr vorbei und brüllt: „Worauf wartest du denn? Der Bus kommt!"
Sophia blickt ihm nach. Dann versteht sie und rennt hinterher. Der Junge hat einen ganz schönen Vorsprung, aber als Karl ist sie sehr schnell, schneller, als sie als Sophia laufen kann. Sie holt ihn ein, überholt ihn sogar! In dem Moment bremst neben ihr ein Bus. Der andere Junge springt hinein, und Sophia macht es ihm nach. Der Bus ist proppenvoll. Die Menschen machen nur unwillig Platz. Der Junge drängt sich neben Sophia und fragt: „Mann, ey, das mit den Zaubersprüchen … hast du die Hausaufgabe?"
„Ja", sagt Sophia. Die Zaubersprüche haben ja schließlich dafür gesorgt, dass sie in Karls Körper geraten ist. Der Junge setzt seinen Schulranzen ab, sagt: „Gib mal her", zieht ein Heft raus und wartet, dass Sophia ihn abschreiben lässt. Auf dem Heft des Jungen steht *Oskar Schmidt*. Oskar also heißt er. Sophia will nicht, dass er ihre Zaubersprüche abschreibt. Irgendwie gehen sie ihn nichts an.
„Das geht nicht. Das fällt doch sofort auf", sagt sie.
„Ist doch egal. Besser als ohne Hausaufgaben dastehen", findet Oskar.
„Ich sag dir schnell neue", antwortet Sophia als Karl.
„Schnell?" Oskar blickt sie schräg an, so, als ob Sophia ihn

veräppeln will. Aber das will Sophia nicht. Sie konzentriert sich, und schon hat sie einen Reim für Oskar gefunden. Der kniet sich hin, kritzelt ihn in sein Schulheft und sagt: „Super, Mann, total cool!"

Die Schule sieht der Schule von Sophia ähnlich.

Graue Betonsäulen und weiße Wände, die Fenster haben Aluminiumrahmen, nur ist ihre Schule mit Efeu bewachsen, und der Schulhof ist geteert, während dieser mit Pflastersteinen ausgelegt ist. Aber die Schule riecht so wie ihre Schule, nach irgendetwas zwischen staubig und Putzmitteln.

Sophia folgt Oskar eine Treppe hoch und einen Gang entlang in ihre Klasse. Sie weiß nicht, wo Karls Platz ist. Sie schaut sich suchend in der Klasse um. Vorsichtshalber setzt sie sich neben Oskar. Der blickt sie schräg an. Dann nickt er: „Okay, kannst neben mir sitzen, weil du mich hast abschreiben lassen."

„Kannst auch beim Diktat von mir abschreiben", sagt sie.

„Hast du 'ne Meise? Ich will doch keine schlechte Note", raunt Oskar. Da klingelt es. Mit dem Stundengong fliegt die Tür auf, und ein Lehrer mit einem schwarzen Pulli erscheint vor der Klasse. Die Mädchen hasten auf ihre Plätze, die Jungen schmeißen ihre Fußballbilder in den Ranzen.

„Guten Morgen, 2a", sagt der Lehrer.

„Guten Morgen, Herr Nolte", ruft die Klasse.

Herr Nolte packt einen Stapel Hefte auf das Lehrerpult und liest einzeln die Namen der Kinder vor. Jedes soll nach vorne kommen und sich sein Heft abholen. Sophia versucht, sich so viele Namen wie möglich zu merken.

„Bitte schreibt: Diktat Nummer 5. Der Zauberspiegel", knarrt Lehrer Nolte und diktiert ein langes und schwieriges Diktat über einen Spiegel, durch den die Menschen hindurchgucken können. Nur für Sophia ist das Diktat nicht besonders lang oder besonders schwierig. Ab und zu blickt Oskar zu ihr herüber und versucht, die schwierigen Wörter abzuschreiben. Sophia hält ihr Heft so, dass Oskar alles sehen kann.

„Wieso warst du denn so gut?", fragt er nach der Deutschstunde verblüfft.

„Weiß nicht." Sophia zuckt mit den Schultern.

„Erst die Zaubersprüche, dann das Diktat – ist alles klar bei dir?", fragt Oskar nach. So kennt er Karl gar nicht.

„Alles klar", antwortet Sophia. Und das stimmt. Sie hat das Gefühl, als würde sie aus einer tiefen Badewanne auftauchen. Karl-Sein macht Spaß!

Nur keine Angst

Karl fährt mit Sophias Freundinnen Annika, Lena und Marie zum Reitunterricht. Die Mädchen haben ihn abgeholt. Und das war seine Rettung, denn er hat keine Ahnung, wo die Reithalle liegt, zu der ihn Sophias Mutter geschickt hat.
Jetzt fährt Karl als Sophia an dem kleinen See entlang, auf dem Fahrrad, in einer Reithose, mit einem Reithelm auf dem Kopf. Er macht sich Sorgen. Denn er ist noch nie in seinem Leben geritten.

Aber Karl hat Glück. Vor ihm kommen erst alle Freundinnen von Sophia dran. Er sieht, wie sie von vorn auf das Pferd zugehen und wie sie an das Zaumzeug fassen. Dann steigen sie auf, nehmen die Zügel, und das Pferd trottet los. Als Karl an der Reihe ist, wundert er sich, wie groß das Pferd ist, wenn er so nah vor ihm steht. Es ist so hoch, dass er nicht weiß, ob er auf den Rücken raufkommt. Mühsam angelt er mit seinem Fuß nach dem Steigbügel, dann drückt er sich kräftig ab. Kaum sitzt er, merkt er, wie das Pferd anfängt nervös zu tänzeln. Als ob es etwas gegen ihn habe. Oder vielleicht genauer: als ob es etwas gegen *Sophia* habe.
Jetzt schnalzt er mit der Zunge, so wie er es bei Annika, Lena

und Marie gesehen hat. Aber das Pferd bewegt sich nicht. Karl sieht, wie die Mädchen kichern, so, als würden sie immer kichern, wenn Sophia reitet, so, als würden sie nur darauf warten, dass das Pferd ihr nicht gehorcht. Karl wird wütend. Er will sich hier nicht zum Affen machen. Er haut dem Pferd mit der flachen Hand auf den Hintern.

„Sophia!", ruft die Reitlehrerin erschrocken.

Aber da rennt das Pferd schon los. Viel zu schnell, findet Karl. Er zieht an den Zügeln. Sofort bleibt das Pferd wieder stehen. Er lässt die Zügel locker und schnalzt noch einmal mit der Zunge. Und jetzt geht das Pferd im Schritt los, so langsam und gehorsam wie zuvor

bei Sophias Freundinnen. Karl dreht eine Runde mit dem Pferd, dann steigt er wieder ab. Sein Po tut ihm weh, und sein Rücken ist durchgerüttelt. Die Reitlehrerin sagt etwas Anerkennendes, und die anderen Mädchen haben aufgehört zu kichern. Ihre Sprache finden sie erst auf dem Rückweg wieder – sie loben ihn!
„Ehrlich, das war ganz groß", sagen sie. „Du hattest gar keine Angst!"
„Wisst ihr was", meint Karl, „eigentlich ist Reiten nicht der richtige Sport für mich. Immer nur rumsitzen. Und Rückenschmerzen kriegt man auch. Guckt mal, da spielen die Jungs Fußball." Er zeigt auf die Wiese, an der sie vorbeifahren.
„Ja, Konrad, Anton und die anderen. Die lassen uns doch nie mitspielen", sagen die Mädchen.
Karl beachtet ihren Einwand nicht und ruft laut: „Hey, können wir mitspielen?"
„Ach nee, lass mal. Das ist nichts für kleine Mädchen", ruft Anton zurück.
„Hast du Angst oder was? Dass die kleinen Mädchen dich besiegen?", ruft Karl.
Konrad und Anton und die anderen Jungen reden miteinander. Dann ruft Anton: „Okay, ihr könnt mitspielen."
Aber die anderen Mädchen wollen gar nicht mitspielen.
„Wieso das denn nicht?", fragt Karl.
„Weil die Jungs so hart spielen. Und so richtig gut sind wir ja wirklich nicht", antworten sie.

Also spielt Karl alleine mit.
„Du gehst vors Tor, Sophia, und wartest, bis du einen Ball kriegst“, sagt Anton und schubst ihn Richtung Tor.
„Da kannst du wenigstens nichts falsch machen.“

Falsch machen kann Karl da nichts, dafür aber sehr viel richtig. Als der erste Ball kommt, eine hohe Flanke, springt er nach vorn

und hält seinen Kopf hin, trifft den Ball genau in der Mitte, und der Ball fliegt ins Tor. Als Nächstes tritt Konrad über einen Ball hinweg, und Karl ist zur Stelle und schiebt ihn am Torwart vorbei. Als er schließlich das dritte Mal zum Ball rennt, zieht ihm Konrad von hinten die Beine weg, und Karl stürzt zu Boden. Ratsch, reißt eine Naht an der Reithose. Es gibt einen Elfmeter.

„Ich schieße“, entscheidet Anton rasch und nimmt sich den Ball.
„Ich bin gefoult worden! Ich schieße!“ Karl nimmt Anton den Ball weg und schubst ihn zur Seite.
Anton verschlägt es die Sprache. Dann flüstert er: „Wenn der vorbeigeht, Sophia, dann spielst du nie wieder mit!“
Karl läuft an und schießt den Ball genau oben in den Winkel des Tors. Dann streckt er Anton die Zunge raus, geht zu Sophias Fahrrad und fährt nach Hause.
Die Mutter sieht als Erstes die gerissene Hosennaht. „Oh, nein, Sophia, bist du vom Pferd gefallen?“, fragt sie besorgt.
„Nee, ich habe Fußball gespielt.“
Die Mutter blickt erstaunt und murmelt: „Und ich dachte, du findest Fußball doof , weil es ein Jungsspiel ist …“
Karl fällt nicht sofort eine Antwort ein. Jetzt hätte er fast als Junge geantwortet. Und als Junge hätte er sich ja genau so verhalten wie Konrad und Anton und Mädchen nicht mitspielen lassen.
„Es ist ein Jungsspiel, wenn Jungs Mädchen nicht mitspielen lassen. Aber heute hab ich drei Tore geschossen“, antwortet er dann.
„Super!“, ertönt die tiefe Stimme von Sophias Vater, der in dem Moment durch die Küchentür kommt und drei Tüten auf den Tisch stellt, aus denen ein paar Bohnen purzeln.
„Drei Tore! Großartig. Und ich habe für jedes Tor eine Tüte Bohnen gekauft. Wie sieht’s aus, Töchterlein, hilfst du mir, sie zu putzen?“, fragt der Vater.

Karl blickt skeptisch auf die Tüten. Eigentlich wollte er jetzt in Sophias Zimmer gehen und ein bisschen Computer spielen. Bohnen hat er noch nie geputzt. Aber andererseits hat er Lust, sich mit Sophias Vater an den Tisch zu setzen. Computer kann er später immer noch spielen.

„Okay“, nickt er.

„Erst solltest du baden“, ruft Sophias Mutter.

Karl steht auf und blickt an sich hinunter. Er ist wirklich ganz dreckig und staubig. „Ich komme gleich“, sagt er zum Vater und geht ins Badezimmer.

Karl dreht das Badewasser an und gießt ein wenig Seife hinein. Er sieht zu, wie der Schaum anwächst. Er schwimmt auf dem Wasser und wirft Blasen, in denen das Licht bunt schimmert. Karl nimmt ein paar Blasen auf die Hand und pustet hinein. Sie fliegen über die Wanne. In der Luft lösen sie sich auf. Wie ein Leben, das man ausprobiert, als würde man träumen.

Nach dem Baden zieht er sich an und geht zurück zum Vater in die Küche, der alle Bohnen auf den Tisch gekippt hat und bei jeder Bohne die Enden mit einem Messer abknipst. Auch für Karl liegt schon ein Messer bereit. Er setzt sich und nimmt sich die erste Bohne.

„Erzähl mir von deinen Toren“, sagt der Vater. Karl überlegt. Er schätzt, dass insgesamt zweihundert Bohnen vor ihm auf dem Tisch liegen. Genug Zeit für alle Geschichten, die er heute erlebt hat.

Ganz schön nett, ganz schön gemein

Karl ist mit Sophias Freundinnen Annika, Lena und Marie an den See vor der Reithalle gefahren. Sophia spielt mit Karls Freunden Oskar und Jakob im Wald.

Noch hat niemand bemerkt, dass sie den Körper getauscht haben. Die Freunde wundern sich zwar, dass Karl in letzter Zeit so gut im Deutschunterricht ist und dass er mit Mädchen redet; die Mutter wundert sich, dass er morgens seinen Schlafanzug

zusammenlegt, sein Bett macht und beim Essen nicht so schlingt wie früher.

Die Freundinnen wundern sich, dass Sophia plötzlich mutiger mit Pferden umgeht, ihre Eltern sind immer wieder erstaunt, wie entschlossen Sophia Entscheidungen fällen kann und mit den Jungen Fußball spielt, und zwar gar nicht schlecht.

„Schaut mal! Marienkäfer!“, ruft Lena jetzt, „wollen wir einen Zoo bauen?“

„Und den Käfer nennen wir Karl. Da gab es doch früher ein Lied drüber“, murmelt Karl. Es war als Witz gemeint.
Aber die Mädchen sind begeistert: „Au ja. Und wir machen ein Schneckengehege. Und einen Teich für kleine Wasserinsekten. Wasserläufer und so.“ Schon schwärmen die Mädchen aus. Sie pflücken Gräser und bauen aus Moos weiche Lager für die verschiedenen Tiere, die sie finden. Aus Steinen bauen sie Gehege, aus Stöckchen Höhlen. Und alle Tiere bekommen Namen.
Karl fällt es erst nicht leicht mitzuspielen. Irgendwie ist das wie mit dem Puppenspielen, findet er und sagt: „Ich glaube, ich fahre zu den Jungs und spiele Fußball.“
„Warum denn das? Bist du in die verliebt oder was?“ Annika blickt ihn herausfordernd an.
„Quatsch!“, antwortet Karl als Sophia. Das fehlte ihm noch, dass die Mädchen anfangen, ihn damit zu ärgern, er sei verliebt. Also macht er doch mit, buddelt einen Graben und sammelt große, schwere Weinbergschnecken, die er auf der Insel in der Mitte des Grabens hortet. Dabei merkt er, dass es ihm Spaß macht, so zu spielen. Und als die Mädchen finden, dass sie genug Tiere haben und nun der Zoo zum Zirkus werden soll, meldet Karl sich freiwillig, um seine Schnecken für eine Vorstellung zu dressieren.
In der gleichen Zeit haben Karls eigentliche Freunde, mit denen nun aber Sophia unterwegs ist, auch Tiere gefunden. Ameisen. Oskar und Jakob steigen ab und betrachten die Straße, die die kleinen Insekten durch den Wald gezogen haben.

„Weißt du, dass sie siebenmal so stark wie Menschen sind, wenn Menschen so klein wären wie Ameisen?“, fragt Oskar.
„Nur gut, dass sie nicht so groß sind wie Menschen“, erwidert Sophia als Karl. Die beiden Jungen werfen ihr einen schiefen Blick zu.
„Wollen mal sehen, wie stark sie sind“, sagt Jakob und schiebt einen kleinen Stein mitten auf die Ameisenstraße.
„Tierquäler“, sagt Sophia.
„Wieso denn? Sie sind doch so stark“, antwortet Oskar.
„Wie fändest du es denn, wenn dir plötzlich einer sagt, hier ist der Weg für dich gesperrt?“, widerspricht Sophia.
„Kommt drauf an, wie stark er ist“, grinst Oskar zurück.
Sophia schluckt. Sie wollte nur die Ameisen schützen. Aber wenn man sich mit Oskar und Jakob unterhält, dann endet das meistens in Mutproben und „Wer ist am stärksten?“-Spielen. Wenn sie jetzt nicht antwortet, wird Oskar das als Sieg für sich verbuchen.
„Willst du wissen, wie stark er ist?“, fragt Sophia, lässt ihr Rad fallen und bückt sich nach einem Stock.
„Ha! Los, Karl!“, ruft Oskar. Er hat sich ebenfalls bewaffnet, schon klacken die Stöcke aufeinander, und Sophia und Oskar fechten um das Wegerecht. Sie kämpfen nicht wirklich ernst. Aber es ist auch kein reiner Spaß. Es ist diese seltsame Mischung aus Spaß und Kraft, die Sophia nicht so recht versteht.
Oskar dreht sich um die eigene Achse und schlägt mit seinem

Stock hinter seinem Rücken nach Sophia. Ein gefährlicher Schlag, der ordentlich wehgetan hätte, wenn er sie getroffen hätte. Aber Sophia springt beiseite, und als Oskar mitten in der Drehung ist, zieht sie ihm mit dem Schwert einen Fuß beiseite. Oskar verliert das Gleichgewicht und fällt in den Dreck. Schnell – sie wundert sich, wie schnell sie ist – ist sie bei ihm und setzt ihm ihr Schwert auf die Brust: „Gibst du auf?"
„Niemals!", ruft Oskar, schlägt den Stock weg und umklammert Sophia. Beide rollen über den Weg, in einem Ringkampf verschlungen. Sophia kämpft, wie sie vorher noch nie gekämpft hat. Sie spannt alle Muskeln an, sie hakt sich mit den Beinen bei Oskar ein, sie ringt ihn nieder, gewinnt die Oberhand, rollt sich auf ihn und drückt seine Arme mit den Knien nieder. Plötzlich hört sie jemanden zählen.
„Eins – zwei – drei …" Das ist Jakob. Bei jeder Zahl lässt er seinen Arm einmal fallen. Unter ihr zuckt Oskar, aber diesmal hat sie ihn ihm Griff. Bei „neun" lässt sie ihn los.
„Karl ist der Stärkere. Du musst Wegezoll bezahlen", sagt Jakob zu Oskar.

„*Was* soll ich machen?" Oskar neigt den Kopf und lacht. Sophia wundert sich, dass Oskar sofort weiterspielt und kein bisschen böse ist. Hätte sie verloren, wäre sie schwer beleidigt gewesen, vermutlich hätte sie angefangen zu weinen.

„Er soll den Stein von der Ameisenstraße rollen." Sophia zeigt auf den Boden.

„Hoheit Karl sind so stark wie mitfühlend", witzelt Jakob.

„Ja, nur dass da keine Straße mehr ist. Wir haben sie planiert. Unsere Hoheit ist so mitfühlend wie plattwalzend", grinst Oskar. Da muss auch Sophia lachen, obwohl sie die Ameisenstraße zerstört hat.

Währenddessen fährt Karl, der in Sophias Haut steckt, mit Annika, Lena und Marie vom See nach Hause. Der Schneckenzirkus war ein voller Erfolg. Ein Marienkäfer ist über ein Blatt balanciert, die Schnecken haben akrobatisch einen Turm aus fünf Schnecken gebaut, und die Wasserläufer haben Hüpf-Kunststücke

gezeigt. Die Mädchen fahren an der Fußballwiese vorbei, wo die Jungen Elfmeter schießen.
„Hey, Sophia!“, ruft Anton Karl zu. „Willst du mitmachen?”
Schnell sieht sich Karl nach Annika um. Die macht ein liebliches Gesicht und wirft der Freundin einen Luftkuss zu.
„Nee! Ich hab noch was vor. Hausaufgaben und so“, sagt Karl.
Aber er denkt, Mädchen können ganz schön gemein sein. Und er findet es irgendwie komisch, dass der See und die Wiese so dicht an den Häusern sind und er nicht erst mit einer S-Bahn aus der Stadt rausfahren muss, so wie es bei ihm zu Hause ist.
Dort verabschieden sich Oskar, Jakob und Sophia an der ersten S-Bahn-Station. Die Jungen nehmen die Linie 3, Sophia die Linie 2. Es ist für sie noch immer ungewohnt, dass sie in einer Stadt wohnt und nicht einfach mit dem Fahrrad nach Hause fahren kann. Die Jungen geben sich die Hände zum Abschied. Das findet Sophia etwas merkwürdig. Aber als sie einschlägt und

Oskars warme Hand spürt, ist da plötzlich die Erinnerung an den Kampf im Wald. Und sie findet, dass es gut und richtig ist, dass sie sich mit Handschlag verabschieden. Jungs, denkt sie, können ganz schön nett sein.

Ich bin ich

Seit fünf Tagen ist Sophia nun schon Karl. Und seit fünf Tagen ist Karl nun schon Sophia.

Sophia ist frecher, traut sich mehr. Hat Spaß an lauter Sachen, die sie sonst doof fand. Vorhin, in der Umkleidekabine der Jungen, haben sich Jakob und ein anderer Junge aus der Klasse gestritten. Der andere hat mit dem Schuh geworfen, aber nicht Jakob, sondern Sophia getroffen. Vor fünf Tagen hätte sie sich beim Lehrer beschwert. Vorhin hat sie ihren Schuh genommen und damit den anderen Jungen abgeworfen. Plötzlich haben alle mitgemacht, und es gab eine wilde Schuhschlacht.

Und gestern, da hat sie es nicht mehr geschafft, ihre Hausaufgaben zu machen, weil Oskar und Jakob sie noch zum Baden ins Freibad abgeholt haben. Auf dem Weg zur Schule hat Sophia dann die Matheaufgaben von Jakob abgeschrieben, das Matheheft auf den Knien, mitten im Bus, so wie Oskar es ihr vor vier Tagen vorgemacht hat.

Jetzt steht sie in einer Reihe mit Oskar und Jakob in der Turnhalle. Sie haben Sportunterricht. Vor ihnen ist ein hoher Kasten aufgebaut, über den sie springen sollen.
Die Mädchen turnen auf einem Schwebebalken. Schwebebalken kann Sophia gut turnen. Immerhin reitet sie, und auf dem Pferderücken lernt man, Balance zu halten. Aber über einen so hohen Kasten ist sie noch nie gesprungen. Nun ist sie Karl und mustert den Kasten. Sie weiß nicht, ob sie es schaffen wird. Nein, schlimmer, sie weiß, dass sie es nicht schaffen wird. Sie hat schon Probleme, auf den Rücken eines Pferdes zu klettern. Und dabei hilft ihr die Reitlehrerin noch. Gleich über ein Pferd hinwegzuspringen, ist für sie ganz und gar unmöglich.

Jakob nimmt Anlauf und springt mit angezogenen Beinen über den Kasten. Er landet auf den Füßen und reckt die Arme nach oben. Bei Oskar wackelt der Kasten, aber auch er schafft es darüber. Jetzt ist Sophia dran. Sie läuft los. Sie springt ab – prallt gegen die Bretter und stößt sich das Knie.
„Karl, *über* den Kasten, nicht *durch* den Kasten!“, ruft der Sportlehrer. Und die anderen Jungen lachen. Jetzt tut das Knie gleich noch einmal so weh. Als Sophia wieder ansteht, kriegt sie ganz feuchte Hände. Diesmal weiß sie ja schon, dass sie es nicht schafft. Dann ist sie wieder dran, läuft an und achtet darauf, dass sie früher abspringt. Aber zu früh. Sie rutscht mit den Händen vom Kasten ab und fällt mit dem Kinn auf die Kante.
„Ist irgendwas mit dir los, Karl? Bist du krank?“, fragt der Lehrer.
„Nein, gar nicht. Habe ich diesen Kasten denn schon mal geschafft?“, fragt Sophia.
„Willst du mich auf den Arm nehmen?“, der Lehrer schaut Karl verwundert an. „Du bist sogar schon mal längs über den Kasten gesprungen!“
Sophia kann sich das nicht erklären. Sie hat doch Karls Körper. Als sie neulich zum Bus lief, war sie schneller als Oskar. Dass sie als Sophia nicht über den Kasten kommt, das kann sie verstehen, aber als Karl müsste es doch ganz einfach sein.
„Hey, willst du lieber zum Schwebebalken gehen?“, fragt Oskar und grinst sie frech an.

„Ja, genau, vielleicht klappt es beim Mädchenturnen besser“, setzt Jakob noch einen drauf.
Sophia starrt die beiden wütend an. Sie weiß nicht, ob sie zorniger auf sich ist, weil sie nicht über den Kasten gekommen ist, oder auf die Jungen, weil sie denken, dass Mädchen alles viel schlechter können. Darum ruft sie: „Wetten, dass ihr keine Rolle auf dem Schwebebalken schafft!“
„Aber du, oder was?“, gibt Oskar zurück. Sophia verlässt die Reihe der Jungen und geht hinüber zur Mädchenreihe. Die Mädchen lachen. Die Jungen grölen: „Karl ist ein Mädchen!“
Sophia klettert auf den Balken und macht darauf eine Rolle vorwärts. Und mit Hilfestellung sogar noch einen Radschlag als Abgang vom Balken. Das Lachen und das Grölen haben schlagartig aufgehört. In die Stille hinein spricht der Sportlehrer: „Karl hat recht. Wir tauschen die Geräte. Jungs auf den Schwebebalken, Mädchen über den Kasten.“
Erst fällt Jakob bei der Rolle vom Balken, und als Oskar sie probiert, verliert er völlig das Gleichgewicht und klammert sich unter dem Balken fest, um nicht abzustürzen.
„Wie ein Hängebauchschwein“, sagt Jakob, aber nicht sehr laut.
Bei den Mädchen läuft es besser. Die meisten schaffen es, den Kasten zu überspringen. Sophia sieht den Jungen zu. Und dann sieht sie den Mädchen zu. Sie überlegt. Wenn die Mädchen so gut springen wie die Jungs und die Jungs so viel schlechter

turnen als die Mädchen, dann hat das nichts mit Jungs oder Mädchen zu tun, ob man etwas schafft oder nicht. Als ich über den Kasten springen wollte, da dachte ich, ich muss es schaffen, weil ich Karl bin. Aber das war falsch. Ich kann es schaffen, weil ich ich bin.

Sophia stellt sich wieder in die Reihe vor den Kasten.

„Na, Karl, weißt du wieder, wie's geht?", fragt der Sportlehrer.

Sophia schaut nur auf den Kasten. Dann rennt sie los. Sie fragt sich nicht, ob sie schnell ist. Aber vor dem Kasten bremst sie nicht ab. Sie rennt einfach darauf zu und springt ab. Das Sprungbrett wirft sie hoch hinaus in die Luft. Kurz berühren ihre Hände den Kasten. Dann schließt sie die Beine und steht sicher hinter dem Kasten. Sie hat es geschafft.

„Na also", sagt hinter ihr der Sportlehrer.

Sophia schaut ihn an und nickt. Während sie durch die Luft geflogen ist, hatte sie das Gefühl, das man hat, wenn man aus einer warmen Badewanne plötzlich auftaucht an die kalte Luft. So hatte es sich angefühlt, als sie zu Karl wurde. Und jetzt fühlte es sich fast so an, als sei sie den Weg zurückgeflogen, als sei sie wieder sie selbst. Sophia denkt an all das, was sie als Karl erlebt hat, an das andere Zimmer und das andere Essen, an seine Freunde, an den Sportunterricht, den Ausflug in den Wald, das Fechten mit Oskar, an seine Mutter, die manchmal erst abends nach Hause kommt, und an die dummen Sprüche in der Umkleidekabine.

Sie überlegt, was Karl wohl als Sophia erlebt hat. Sicher war er

beim Reiten. Er hat mit ihren Eltern gegessen, so wie sie mit seiner Mutter, er hat ihre Zahnbürste benutzt und in ihrem Bett geschlafen.
Wie es sich für einen Jungen anfühlt, ein Mädchen zu sein?, denkt sie. Und dann weiß sie, dass sie das bald erfahren wird. Denn wenn sie wieder zu Sophia wird, dann wird sie ja von einem Jungen zu einem Mädchen.
Es war spannend, Karl zu sein. Aber nun wäre ich gerne wieder ich, denkt Sophia und nickt.

Zurückgezaubert

Sophia sitzt an Karls Schreibtisch und schaltet das Radio ein. Sie hofft, irgendwo wieder ein Zeichen von Karl zu finden. Es kommen Sportmeldungen, Nachrichten, Verkehrsfunk, dazwischen Musik. Keine Spur von einem Jungen, der im Radio eine Geschichte erlebt. Sophia stützt das Kinn auf die Fäuste.

„So ein Mist. Wie soll ich zurück in mein Leben kommen?", murmelt sie. Da rauscht es plötzlich kurz, und sie hört eine Stimme, die flüstert: „Sophia, bist du da?"

Aufgeregt dreht Sophia die Lautstärke höher. „Karl? Wo bist du?"

„In deinem Zimmer. Ich habe gehofft, dass du heute das Radio anmachen würdest!"

Beide schweigen, überrascht, dass sie jetzt miteinander reden können. Sie haben ja eine Woche lang den Körper des anderen geliehen. Und da erlebt man eine ganze Menge Dinge, die sehr persönlich sind.

„Deine Unterhosen sind ziemlich unbequem", sagt Sophia.

„Na ja, dafür ist dein Zimmer etwas zu rosa geraten", lacht Karl. Sie könnten sich viel erzählen. Über ihre Eltern, über ihre Freunde, darüber, wie es ist, als Junge Pipi zu machen und als Mädchen. Aber beide haben Sorge, dass die Verbindung reißt – denn sie sind unvermutet wieder in einer Geschichte gelandet! Was, wenn sie gleich zu Ende ist und sie nicht zurückgetauscht haben?

„Wie können wir unsere Leben zurücktauschen?", fragt Karl.

„Ich weiß nicht. Musst du zufällig wieder einen Zauberspruch dichten?", fragt Sophia zurück.

„Nein, und wenn, musst du das machen. Du hast doch jetzt Deutsch bei dem Nolte."

„Ich finde ihn ganz nett. Ach übrigens, du hast null Fehler im Diktat."

„Echt? Super! Danke! Und du hast drei Tore im Fußball geschossen", verrät Karl.
„Konrad und Anton haben dich mitspielen lassen?", fragt Sophia.
„Ich habe mich einfach nicht wegschicken lassen", lacht Karl.
„Aber wir … wie kommen wir weg? Zurück?", fragt Sophia.
„Probier es mit einem Zauberspruch. Du bist doch die, die sich mit Reimen und so auskennt", meint Karl.
Sophia überlegt. Als sie ihre Geschichten wechselten, da hatte sie einfach den letzten Satz von Karl genommen. Sie probiert einen Reim auf „zurück". Aber er funktioniert nicht. Nichts passiert.
„Vielleicht muss ich ihn sprechen?", schlägt Karl vor.
„Versuch es!", sagt Sophia.
Karl spricht den Reim – aber nichts passiert.
„Stell dir vor, wir bleiben für immer vertauscht …" Zum ersten Mal bekommt Sophia plötzlich Angst, dass sie ihre Mutter und ihren Vater nie wiedersehen wird.
„Wie ist das denn im Märchen? Wenn man ein Märchen oder ein Wunderland wieder verlassen will?", fragt Karl.
Da weiß Sophia mit einem Mal, wie es geht: „Das Diktat, das wir beim Nolte geschrieben haben, das war eine Spiegelgeschichte. Kinder sind durch einen Spiegel in eine andere Welt gereist. Durch einen Spiegel sind sie hindurchgegangen, und durch einen Spiegel sind sie wieder zurückgekommen."

„Hier hängt ein Spiegel“, sagt Karl.
„Nein, kein echter. Wir müssen den Zauberspruch wie im Spiegel aufsagen.“
„Wie sagt man einen Spruch wie im Spiegel auf?“
„Na, rückwärts!“, sagt Sophia. „Also los! Es hieß:

Er hört mich.
Hörst du her?
Er ist ich.
Und ich bin er.

Rückwärts heißt das:
Re nib hci dnu
Hci tsi re
Reh du tsröh
Hcim tröh re.“

„Wie bitte?“, will Karl fragen, aber als die Worte seinen Mund verlassen haben, da sitzt er schon an seinem Schreibtisch. Und Sophia steht in ihrem Zimmer.
Karl hört im Radio: „Karl

sitzt vor seinem Schreibtisch und sieht sich verwundert um. Es erscheint ihm seltsam, wie fremd sein vertrautes Zimmer aussieht.“ Und Karl hört, dass Sophia ihr Zimmer verlässt und in der Küche ihre Mutter trifft.

„Deine Reithose kann ich nicht mehr flicken. Die Naht ist ganz zerrissen“, sagt die Mutter zu ihr. Sophia umarmt sie. Erstaunt blickt die Mutter sie an: „Was ist los?“

„Nichts, ich hab dich nur so lieb! Und weißt du was? Reiten hat mir sowieso keinen Spaß gemacht. Jetzt, wo die Hose kaputt ist – kann ich nicht mit dem Reiten aufhören?“, fragt Sophia. Sie hat das Gefühl, dass sie wie Karl klingt. Vor einer Woche hätte sie sich nicht getraut, das zu sagen. Sie hätte Angst gehabt, dass ihre Freundinnen sie dann doof finden. Aber jetzt ist es ihr egal.

Sophias Mutter nickt nur. „Klar kannst du das. Ich dachte immer, du willst es so gern, weil das alle in deiner Klasse machen.“

„Eben. Ich wollte es, weil alle das machen.

Ich wollte es nicht, weil ich es wollte“, sagt Sophia. Dann geht sie in die Küche, wo ihr Vater die Zeitung liest. Auch ihn umarmt sie.

„Na, wollen wir Fußball spielen?“, fragt er.

Sophia grinst. „Ja, gern!“

In der Küche läuft das Radio. Es läuft leise im Hintergrund,

sodass man nicht genau hört, was gesprochen wird. Sophia senkt den Kopf. Sie hört: „Karl geht zu seiner Mutter."
„Na, Karl, wollen wir Pizza essen gehen?", fragt sie.
„Weißt du was, ich habe eigentlich Lust, dass wir beide selbst was kochen", sagt Karl.
Seine Mutter blickt ihn überrascht an: „Willst du die Kartoffeln schälen?"
„Okay." Karl nickt.
„Was ist los mit dir?", fragt die Mutter. „Du legst deinen Schlafanzug zusammen, räumst dein Zimmer auf, schreibst ordentlich, machst null Fehler im Diktat. Und jetzt willst du auch noch Kartoffeln schälen!"
„Ich habe Nachhilfe gehabt", sagt Karl.
„Nachhilfe?"
„Keine richtige. Ich habe Nachhilfe aus dem Radio gehabt. Da war eine Geschichte über ein Mädchen, das Sophia hieß und mit einem Jungen sein Leben und seine Person getauscht hat. Irgendwie hat mich das an mich erinnert. Ich habe mir gedacht, ich könnte was lernen. Von dem Mädchen aus dem Radio."
Sophia setzt sich neben ihren Vater. Sie lacht.
„Was hast du da gehört?", fragt ihr Vater, und Sophia sagt:
„Ach, ist schon zu Ende, die Geschichte."